PUNTO

C/ELE

Manual de español como lengua extranjera

NIVEL A2

bit.ly/3mgUalX

Audios y soluciones
disponibles en
bit.ly/3mgUalX, o a
través del código QR

EDICIONES UNIVERSIDAD CATÓLICA DE CHILE
Vicerrectoría de Comunicaciones
Av. Libertador Bernardo O'Higgins 390, Santiago, Chile

editorialedicionesuc@uc.cl
www.ediciones.uc.cl

PUNTO C/ELE
Manual de español como lengua extranjera. Nivel A2

PUNTO

C/ELE

Manual de español como lengua extranjera

NIVEL A2

Carolina Carvajal G.
Francisco Quilodrán P.
Constanza Sarralde T.
Marcia Sierra S.
Gloria Toledo V.
Daisy Bravo V. (COORDINADORA)

PUNTO C/ELE: MANUAL DE ESPAÑOL COMO LENGUA EXTRANJERA. NIVEL A2

Presentación	
Número de unidad	Contenidos funcionales
UNIDAD 1 (Repaso)	• Narrar y describir en presente
UNIDAD 2	• Hablar sobre el presente • Hablar sobre el futuro
UNIDAD 3	• Hablar sobre acciones pasadas con implicancia en el presente • Retomar información del texto
UNIDAD 4	• Describir en pasado • Describir dos acciones simultáneas en pasado • Marcar relaciones de antes y después en pasado • Comparar (relaciones de superioridad, inferioridad e igualdad) • Describir con el verbo *ser* • Describir con el verbo *estar*
UNIDAD 5	• Narrar hechos del pasado • Expresar posesión
UNIDAD 6	• Discriminar los pasados del indicativo • Expresar causa

CONTENIDO

PUNTO C/ELE: MANUAL DE ESPAÑOL COMO LENGUA EXTRANJERA. NIVEL A2

Número de unidad	Contenidos funcionales
UNIDAD 7	• Expresar mandato, peticiones • Sugerir, recomendar, aconsejar • Dar instrucciones

Anexo: Ejercicios extras
Anexo: Conjugaciones verbales
Anexo: Transcripciones de los audios
Solucionario

CONTENIDO

PRESENTACIÓN

 **¿A quién está dirigido este manual?**

El manual que tienes en tus manos está dirigido a los profesores de nivel A2 y a estudiantes que hayan cursado y aprobado el nivel A1 de dominio del español.

Al terminar este texto de nivel A2, el aprendiz de E/LE será capaz de comprender frases y expresiones de uso frecuente relacionadas con áreas de experiencia que le son especialmente relevantes. Podrá comunicarse en intercambios simples y directos sobre cuestiones que le son conocidas o habituales y podrá describir en términos sencillos aspectos de su pasado y su entorno.

Punto C/ELE cubre los contenidos funcionales y gramaticales que el Marco Común Europeo de Referencia (MCER) estipula para el nivel A2 y está orientado al conocimiento de la cultura chilena, especialmente para aquellos aprendientes que estudian E/LE en un contexto de inmersión.

 **¿De qué se trata este manual?**

En este manual hemos dispuesto la entrega de contenidos léxicos-gramaticales mediante actividades y práctica con textos reales y otros adaptados o creados, pero que responden siempre a un criterio de autenticidad. Por otra parte, quisimos incorporar temas motivadores para los aprendientes, que tienen que ver con aspectos cotidianos, pero no por ello alejados de la cultura local. En cada unidad, organizada por funciones, hemos tratado temas culturales que revisten vocabulario y usos pragmáticos específicos.

Todas las unidades incluyen actividades de audición, para que el aprendiente tenga acceso a un input auditivo que permita reforzar su comprensión en esa habilidad. Estos audios están disponibles en una nube, para que profesores y aprendientes tengan fácil acceso a ellos.

Por último, cada una de las unidades de *Punto C/ELE* propone la elaboración de una tarea final orientada a aplicar todos los conocimientos adquiridos durante la unidad y presentarlos de una manera creativa. De la misma forma, cada unidad contiene una autoevaluación que permite sintetizar el avance de contenido.

¿Cómo usar este manual?

El mismo texto sirve tanto para el estudiante como para el profesor. Sabemos que los instructores y docentes emplean los textos como una orientación. Conforme a esto, nuestra propuesta es que cada profesor de E/LE emplee el manual de la forma que mejor se adapte a su curso específico y, por lo tanto, no quisimos cargar de instrucciones al docente. Él/ella decidirá los tipos de agrupaciones, disposición de las tareas o evaluación de los ejercicios y/o actividades. Esta decisión busca respetar la flexibilidad que necesita un curso de segundas lenguas, para tomar en cuenta las necesidades de los aprendientes y el ajuste a los distintos contextos de enseñanza posibles.

Sugerimos que el profesor revise con cuidado las tareas que le vayan entregando sus estudiantes y les dé una buena retroalimentación. Para eso proponemos la idea de hacerles una doble revisión a los textos aportados por los aprendientes. La primera corrección servirá para marcar los errores, de forma tal que los propios aprendientes elaboren hipótesis respecto a la corrección. La segunda revisión será una edición propiamente tal, con sugerencias ortográficas y estilísticas para que los estudiantes puedan mejorar su producto.

Esperamos que las actividades que aquí proponemos sean motivadoras para tus cursos y que con ellas logres crear un ambiente abierto a la interacción y propicio para el aprendizaje – enseñanza de nuestra hermosa lengua.

Este manual está pensado para cubrir 60 horas de clases, ya que esa es la cantidad de tiempo que estipula el Plan Curricular del Instituto Cervantes para cubrir el paso de un nivel de lengua a otro. Por lo anterior y entendiendo que tus clases pueden durar menos de 60 horas, te animamos a planificar tus sesiones enfatizando en los contenidos que, de acuerdo a las necesidades de tus cursos, puedas priorizar. Así, por ejemplo, puedes prescindir de la tarea final, o dar espacio a más actividades libres en lugar de ejercicios más controlados, o bien, dejar los ejercicios de mayor control como tareas para la casa. Toma en cuenta que este libro no es un método, sino una fuente de recursos para guiar el aprendizaje de tus alumnos, con actividades interesantes y motivadoras. Por último, te agradecemos que hayas adquirido este libro para hacer tus clases.

¡Esperamos que tengas una gran experiencia usando este libro!

Te desea lo mejor,
Equipo Punto C/ELE

UNIDAD 1

"En América Latina, lo maravilloso se encuentra en la vuelta de cada esquina, en el desorden, en lo pintoresco de nuestras ciudades… en nuestra naturaleza… y también en nuestra historia".

"El reino de este mundo" (1949), Alejo Carpentier

CONTENIDOS FUNCIONALES:

- Narrar y describir en presente

CONTENIDOS GRAMATICALES:

- Verbos en presente del indicativo
- Verbos descriptivos
- Género y número de los nombres

TAREA FINAL DE LA UNIDAD:

- Mi blog de viajes

1 CHILE EN LATINOAMÉRICA

Reflexionando sobre el español en Latinoamérica

En el español de América Latina hay mucha diversidad léxica. En algunos países usan palabras distintas para expresar una misma idea. Por ejemplo, en Chile decimos "falda", pero en Argentina dicen "pollera" para referirse a lo mismo. Otra diferencia que existe tiene relación con la forma de hablar y el acento. Pero, aunque cada país o zona tiene características distintas, podemos decir que no hay una forma más correcta que la otra.

El vocabulario de las comidas es uno de los que más varía en español según los países. Veamos algunos ejemplos.

CHILE	MÉXICO	ESPAÑA
Zapallo Italiano	Calabacita	Calabacín
Pimentón	Pimiento	Morrón
Choclo	Elote	Maíz o Mazorca

1.1. ¿Sabes cómo se dice en Chile?

ESPAÑA	• Aguacate		• Fresa
CHILE	•		•
ESPAÑA	• Albaricoque		• Judías verdes
CHILE	•		•

1.2. Reflexionando sobre la cultura chilena. Ahora que has revisado algunas formas de nombrar frutas y vegetales en Chile, vamos a ver qué tanto sabes sobre algunos aspectos culturales. ¿Qué sabes de los chilenos? Responde este mini test y luego compara con las respuestas de tus compañeros y comenta.

a. Comes en un restorán en Chile y dejas...

   a. ◯ ...un 5% de propina.

   b. ◯ ...un 10% de propina.

   c. ◯ ...un 20% de propina.

b. Un amigo chileno te invita a su cumpleaños. La fiesta empieza a las 10 de la noche y tú...

   a. ◯ ...llegas a las 10 en punto.

   b. ◯ ...llegas a las 10:30 o después.

   c. ◯ ...llegas antes de las 10:00.

c. Un amigo chileno se despide de ti y te dice "Chao, te llamo". Tú...

   a. ◯ ...esperas su llamada durante un par de días.

   b. ◯ ...piensas que en realidad no va a llamarte.

   c. ◯ ...lo llamas al cabo de un día porque piensas que olvidó llamarte.

Toma en cuenta

*"**Restorán**" es la adaptación gráfica en español de la pronunciación francesa del término. Así también, podemos escribir "quilo" en lugar de "kilo" y "güisqui" en lugar de "whisky", entre otras palabras.*

1.3. Piensa en las tres situaciones anteriores y escribe un breve texto para explicar cómo sucede en tu país.

1.4. Especula sobre qué se hace en Chile en las siguientes situaciones. Escribe algunas ideas usando verbos en infinitivo. Usa las siguientes formas.

Es normal, es común, es habitual... ✛ *infinitivo*

No es normal, no es común, no es habitual... ✛ *infinitivo*

Ejemplo:

* *Cuando un amigo está de cumpleaños **es normal hacer** un regalo y cantar cumpleaños feliz.*

1. Cuando un familiar contrae matrimonio...

____

2. Cuando un familiar consigue su primer trabajo...

____

3. Cuando un amigo/a o compañero/a de trabajo tiene un hijo...

____

4. Cuando un amigo se va a vivir al extranjero…

5. Cuando un familiar o amigo se gradúa de la universidad…

1.5. A ver si recuerdas. ¿Cuáles son los infinitivos de los verbos subrayados? ¿Los verbos son regulares o irregulares? ¿Cómo se conjugan? ¿Cuál es la diferencia entre "ir" e "irse"?

1.6. Ahora es tu turno. Piensa en qué es común hacer en tu propio país en las situaciones descritas en el ejercicio 1.4. Conversa con tu profesor y tus compañeros.

1.7. Estereotipos latinos. Lee el siguiente texto y comenta con tu profesor y tus compañeros.

LOS ESTEREOTIPOS DE LOS LATINOAMERICANOS SOBRE NOSOTROS MISMOS

"La forma de ser de los argentinos es muy criticada desde el exterior. Expresiones como 'son muy **arrogantes**' y 'se creen superiores', resumen bien un sentimiento que está muy extendido", dice el estudio.

"Los brasileños caen bien a todo el mundo. Se opina que son **alegres**, simpáticos y hospitalarios. Su forma de ser es apreciada en todos los países".

"En el estereotipo sobre los bolivianos, se destacan los rasgos negativos: mala situación económica, atrasados y con pocos estudios".

"La forma de ser de los chilenos es criticada por un sector de los argentinos y otro de los uruguayos. Por el contrario, son apreciados, sobre todo por los paraguayos, los brasileños y los españoles. Ellos mismos se ven como trabajadores, **amables** y solidarios.

En cuanto a los paraguayos, "expresiones como 'personas sencillas' y 'cordiales' son muy repetidas; cuando se presta atención a los juicios negativos, se prueba que, en bastantes ocasiones, aluden a la corrupción".

Fuente: www.bbc.com

1.8. ¡Un poco de vocabulario! Pon atención a los adjetivos marcados en el texto. ¿Conoces sus significados? Búscalos y reutilízalos en una oración.

Toma en cuenta

Los adjetivos que terminan en "e" como "amable", "alegre" y "arrogante" son femeninos y masculinos.

- Ejemplos: **Él es amable. / Ella es amable.**

Los adjetivos terminados en consonantes también son femeninos y masculinos.

- Ejemplo: **Él es cordial. / Ella es cordial.**

1.9. Conversa con tu profesor y tus compañeros.

1. ¿Qué opinas sobre los estereotipos?

2. ¿Conoces otros estereotipos sobre los latinoamericanos?

3. ¿Cuáles son los estereotipos sobre los habitantes de tu país? ¿Piensas que son acertados?

2 NUESTRO VIAJE AL CONTINENTE AMERICANO

¿Conoces estos países? ¿Sabes qué lugares de ellos son más visitados? Comenta lo que sabes.

Argentina

México

Colombia

Uruguay

Brasil

Bolivia

2.1. ¡Aló Latinoamérica! A continuación, vas a escuchar a cinco chilenos que van a contarnos qué país de América Latina quieren conocer y por qué. Completa el cuadro con la información. Audio 1

	¿Qué país quiere conocer?	¿Por qué?
Adrián	•	
José	•	
Carla	•	
Sofía	•	
Teresa	•	

> **Toma en cuenta**
>
> Porque + verbo conjugado
> - Ejemplo: **Porque me interesa su cultura.**
>
> Para + infinitivo
> - Ejemplo: **Para visitar a un amigo**
>
> Por + sustantivo
> - Ejemplo: **Por mi trabajo**
>
> (No) querer = (No) tener ganas de

2.2. ¿Y tú? ¿Qué países de Latinoamérica quieres conocer? ¿Por qué? Completa, poniendo atención a la gramática.

1. Yo quiero conocer ________________________________ **porque**
   ________________________________.

2. Yo tengo ganas de visitar ________________________________ **para**
   ________________________________.

3. Yo tengo ganas de ir a ________________________________ **por**
   ________________________________.

2.3. Algunos famosos escritores del mundo describen "viajar". Lee y luego comenta la descripción que más te llame la atención.

1. "Viajar es un ejercicio con consecuencias fatales para los prejuicios, la intolerancia y la estrechez de mente". Mark Twain

2. "Nuestro destino nunca es un lugar, sino una nueva forma de ver las cosas". Henry Miller

3. "Viajar es una brutalidad. Te obliga a confiar en extraños y a perder lo familiar y confortable. Es un tiempo de desequilibrio. Nada es tuyo, excepto lo más esencial: el aire, las horas de descanso, los sueños, el mar y el cielo". Cesare Pavese

4. "Viajar no es solo salir a conocer tierras extrañas, sino volver a tu propio país y verlo con extrañeza". Chesterton

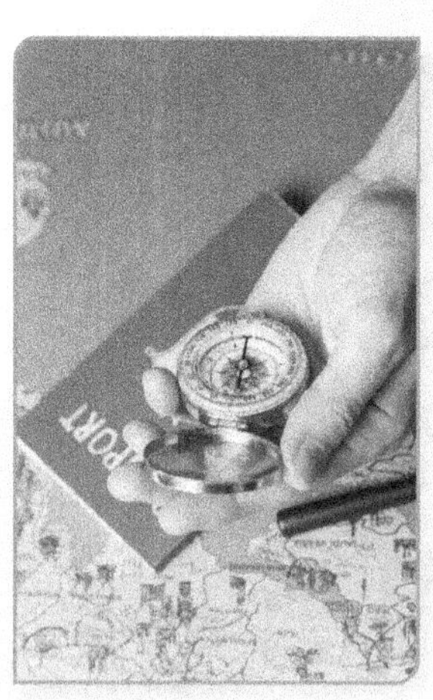

¿Y cómo describes tú la experiencia de viajar?

2.4. Revisemos vocabulario relacionado con viajes. Pon a las palabras, el artículo definido que corresponde como en el ejemplo.

1. *La* maleta
2. _______ equipajes
3. _______ mapa
4. _______ pasaporte
5. _______ pasajes
6. _______ aeropuerto
7. _______ fotos
8. _______ estación de tren
9. _______ programa de viajes
10. _______ viajero
11. _______ tripulante

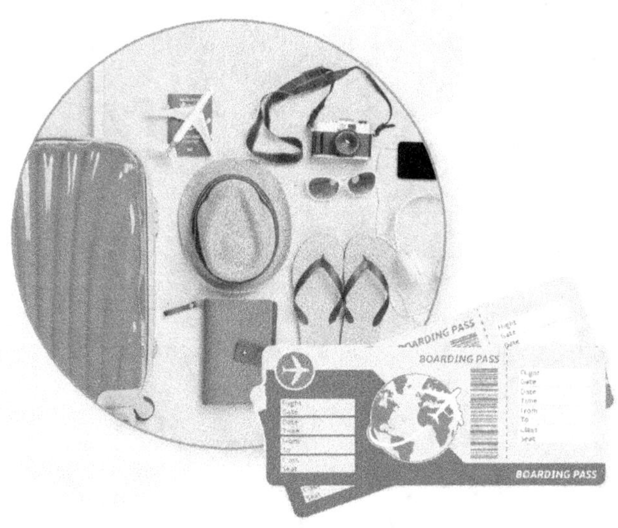

2.5. Palabras en contexto. Discute con tus compañeros y tu profesor.

a. ¿En qué contextos podemos usar las palabras "maleta" y "equipaje"?

b. ¿Conoces las palabras "*ticket*", "entrada", "billete", "boleto"? ¿Significan todas lo mismo que "pasaje"? ¿Cuándo usamos cada una de ellas?

c. "Foto" es la *apócope* de "fotografía", ¿qué otras palabras usamos en español con apócope?

d. "Aeropuerto" es el lugar donde transitan los aviones. ¿Cómo se llama el lugar donde transitan los trenes, buses, barcos, micros?

Toma en cuenta

Los sustantivos terminados en "ante" son femeninos y masculinos.

- Ejemplo: **El estudiante / La estudiante**

Los sustantivos terminados en "ista" siguen la misma regla.

- Ejemplo: **El artista / La artista**

2.6. Conociendo el género de los nombres

a. Algunas palabras masculinas terminan en "a", como "el mapa" y "el programa". ¿Qué otras palabras crees que siguen la misma regla? Escribe los artículos correspondientes.

____ aroma	____ mesa	____ idioma	____ clima	____ silla
____ sofá	____ cama	____ crema	____ planeta	____ día
____ problema	____ luna	____ fantasma		

b. Algunas palabras femeninas terminan en "o" como "la foto". ¿Qué otras palabras crees que siguen la misma regla? Escribe los artículos correspondientes.

____ micro	____ puerto	____ radio	____ codo
____ mano	____ barco	____ moto	____ lago

c. A ver si recuerdas, ¿cómo se forma el femenino de las siguientes palabras?

profesor ❯ —————————   amigo ❯ —————————

hermano ❯ —————————   doctor ❯ —————————

d.   Hay otros sustantivos que cambian completamente, como "padre" y "madre". Averigua cuál es el masculino para las siguientes palabras:

actriz 〉 ——————————   poeta 〉 ——————————

hembra 〉 ——————————   hombre 〉 ——————————

nuera 〉 ——————————   padrino 〉 ——————————

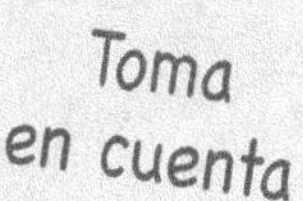

- Los días de la semana son siempre masculinos: **el lunes**, **el martes… los lunes**, **los martes**, etc.
- Los colores son siempre masculinos: **el rojo**, **el lila**, **el café**, etc.
- Los números son siempre masculinos: **el dos**, **el veinte**, **el cien**, etc.
- Las letras son siempre femeninas: **la a**, **la b**, **la c**, etc.

2.7. ¿Cuánto sabes de Latinoamérica? Escoge uno de los países latinoamericanos mencionados a lo largo del texto o elige otro y prepara una presentación para la clase. Informa ¿Dónde está? ¿Cómo es? ¿Qué hay? ¿Cuáles son sus particularidades?

Argentina es el país más visitado de América del Sur, con unos 7 millones de turistas por año.

En segundo lugar, está Brasil, con unos 6 millones y medio, y en tercer lugar Chile, con 6 millones 450 mil turistas cada año.

Toma en cuenta

Estar: *para expresar locación y características temporales.*

- Ejemplo: **El museo está en el centro y en este momento está cerrado.**

Ser: *para expresar locación de eventos y características permanentes.*

- Ejemplo: **La exposición es en el museo y el museo es muy moderno.**

Hay: *para expresar existencia o no existencia.*

- Ejemplo: **En el museo hay muchas obras de arte, pero no hay arte precolombino.**

2.8. Un poco de lo mío. Completa con información de tu país.

1. Mi país **es** _______________________________________.

2. Mi país **está** _______________________________________.

3. Mi país **tiene** _______________________________________.

4. En mi país **hay** _______________________________________.

5. En mi país no **hay** _______________________________________.

3 MI BLOG DE VIAJES

Lee el siguiente blog de Carolina González. Toma nota del vocabulario nuevo y de las ideas generales.

¡Hola a todos!

Bienvenidos a mi blog.

Hoy quiero compartir algunas de mis experiencias durante un viaje de trabajo (y vacaciones también) en 2015, a la ciudad de La Paz.

Básicamente quiero compartir algunas recomendaciones para tener una gran experiencia en Bolivia. Lee con atención y si tienes alguna duda o pregunta, puedes escribir en los comentarios.

Lugares de interés turístico:

✓ ¿Navegar por el lago Titicaca? ¡Sí!, es posible. Te recomiendo navegar por el lago Titicaca (el más alto del mundo), en una embarcación de totora. Una experiencia inolvidable.

✓ Te aconsejo explorar las Ruinas de *Tiwanaku* y viajar en una lancha hasta la Isla del Sol, donde vas a encontrar vestigios del Imperio Inca. Por ejemplo, vas a encontrar "la fuente de la eterna juventud" 😊 la mayoría de los turistas se lava la cara con el agua incaica.

✓ ¿Te imaginas un lugar similar a la luna en plena ciudad? Pues, en La Paz, está el hermoso Valle de la Luna y su superficie es similar a los cráteres que hay en la luna.

Comidas y bebidas:

✓ En Bolivia, tienes que probar la chicha, la bebida típica de la región.

✓ También te aconsejo probar los platos con quínoa, un producto muy importante para los bolivianos y presente en muchos platos.

Transporte:

✓ ¡Esto te va a sorprender!, ¿te imaginas un metro aéreo? Pues, en La Paz el metro es aéreo, hay diferentes líneas, es muy limpio y moderno. Definitivamente tienes que usarlo.

Recuerdos:

✓ Te sugiero comprar un "*ekeko*".

✓ Te recomiendo visitar el Mercado de las Brujas y comprar productos típicos como la chalecos, bufandas o gorros de alpaca.

3.1. ¡Unos buenos datos! Ahora, vas a escuchar un audio. ¿Qué consejos da Carolina? Audio 2

Consejos para la salud:

1. ______________________________________

2. ______________________________________

3. ______________________________________

Otras recomendaciones:

____

Toma en cuenta

- "La mayoría de los turistas se lava **la** cara con el agua incaica" (no: "se lavan **su** cara"). Cuando usamos verbos reflexivos y la acción recae sobre nuestro cuerpo no usamos los adjetivos posesivos.

- "El agua". Esta palabra es femenina ("agua limpia"), pero no podemos usar el artículo determinado "la" porque la primera vocal de la palabra es fuerte, entonces, no podemos decir "**la a**gua". Sucede lo mismo con otras palabras femeninas como "el aula", "el alma", entre otras.

3.2. ¿Qué más quieres saber? Escribe en el blog de Carolina González. Puedes escribir preguntas, dudas o un comentario.

Comentario:

3.3 ¡Vamos a practicar el futuro perifrástico! Completa con la forma ir + a + verbo infinitivo.

a. Hoy (*yo/estudiar*) _____________________ todo el día en la biblioteca.

b. Este verano (*nosotros/viajar*) _____________________ a Ecuador.

c. Pasado mañana (*la profesora/entregar*) _____________________ los resultados de la prueba.

d. El vaso (*caerse*) _____________________ de la mesa.

e. Marta está cansada. Yo creo que (*dormirse*) _____________________ en clases.

f. Tus amigos (*quedarse*) _____________________ en nuestra casa el fin de semana.

- Con los verbos reflexivos puedes construir el futuro perifrástico de dos formas: Juan va a levantar**se**. / Juan **se** va a levantar.

Toma en cuenta

3.4 ¡A ver si recuerdas! ¿Qué hacen estas personas? Utiliza verbos reflexivos en presente.

a. ___________________________

b. ___________________________

c. ___________________________

4 | TAREA FINAL: MI BLOG DE VIAJES

Estás terminando la primera unidad del libro y queremos proponerte un proyecto. Cada unidad va a tener una tarea final con actividades que te van a ayudar a crear, poco a poco, ¡un programa de radio! Vas a desarrollar tareas específicas para practicar lo aprendido y divertirte creando secciones del programa radial. ¡Manos a la obra!

¡Ahora es tu turno de comenzar! Sigue el modelo de las actividades 3 y 3.1, y crea la primera sección del programa llamada: "Mi blog de viajes". En ella puedes aconsejar a otros; tus auditores, sobre qué visitar y entregar también, distintos datos que te parezcan interesantes.

Escoge una ciudad de tu país o una ciudad latinoa mericana que conozcas y da consejos de viaje a tu profesor y compañeros. (Considera aspectos como: tiempo de estadía, alojamiento, lugares de interés turístico, comidas, bebidas, seguridad, transporte, entre otros.)

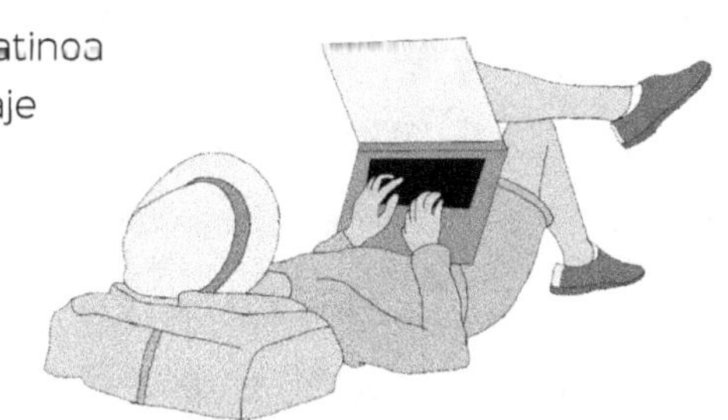

✓ AUTOEVALUACIÓN

1. Completa la siguiente descripción de la Plaza de Armas de Santiago, con "es/son", "hay" o "está/n". (10 puntos)

   En el centro de Santiago _______________ la Plaza de Armas. Alrededor de la Plaza de Armas _______________ la Catedral de Santiago y el Correo. También _______________ un museo y _______________ una famosa escultura llamada "El Indio".

   En el centro de la plaza _______________ los pintores. Sus obras _______________ pinturas interesantes y de diferentes estilos.

   Siempre _______________ gente en la Plaza de Armas que conversa, descansa y lee. En el centro _______________ un escenario, donde _______________ personas que juegan ajedrez. Algunos conciertos de música _______________ en la plaza también.

2. Escribe el artículo correcto y un adjetivo para las siguientes palabras. (24 puntos)

   • Ejemplo: *El viaje largo*

   a. ____ universidad _______________

   b. ____ agua _______________

c. _____ auto _______________________

d. _____ moto _______________________

e. _____ aula _______________________

f. _____ paisaje _____________________

g. _____ color _______________________

h. _____ flor ________________________

i. _____ mapa _______________________

j. _____ foto ________________________

k. _____ televisión ___________________

l. _____ chocolate ____________________

3. Clasifica los siguientes adjetivos según su género. (14 puntos)

◯ trabajador	◯ gentil	◯ puntual	◯ creativo
◯ generosa	◯ amable	◯ colaboradora	◯ inteligente
◯ optimista	◯ elegante	◯ colorida	◯ sociable
	◯ leal	◯ justo	

(M) Masculino

(F) Femenino

(MF) Masculino y Femenino

4. Responde: ¿cómo crees que va a ser la vida de Lucía en cinco años? Utiliza las siguientes informaciones para construir frases en futuro con la forma ir + a + infinitivo. (6 puntos)

a. un diploma universitario

b. un buen trabajo

c. un hijo

d.   otros países

e.   una casa nueva

f.   un libro

- Ejemplo: *Yo creo que Lucía va a aprender muchas cosas.*

1. ____

2. ____

3. ____

4. ____

5. ____

6. ____

5. Identifica las oraciones incorrectas y corrígelas. (6 puntos)

1.   Mi casa es muy pequeña.

2.   Me lavo mis manos frecuentemente.

3.   Mis manos están frías.

4.   Me duelen mis piernas.

5.   Esta carpeta es de mi alumno.

6.   ¿Te cepillaste tus dientes?

____

____

____

____

____

Calcula tu nota y ubica tu logro ¿dónde estás?						

Excelente	Muy bueno	Bueno	Regular	Malo	Muy malo	Pésimo
7 - 6,6	6,5 - 6,0	5,9 - 5,1	5,0 - 4,5	4,4 - 3,5	3,4 - 3	2,9 - 1
60–57 (pts.)	56-52 (pts.)	51-45 (pts.)	44–40 (pts.)	39 -30 (pts.)	29-23 (pts.)	22-0 (pts.)

UNIDAD 2

"Lo mejor es salir de la vida como de una fiesta; ni sediento ni bebido".

Aristóteles (384 a.C. - 322 a. C.), filósofo griego

CONTENIDOS FUNCIONALES:

- Hablar sobre el presente
- Hablar sobre el futuro

CONTENIDOS GRAMATICALES:

- Repaso de tiempo presente del modo indicativo, irregulares
- Futuro imperfecto
- Pronombres átonos de objeto indirecto

TAREA FINAL DE LA UNIDAD:

- Noticiero: despacho desde una fiesta

1 LA TIRANA

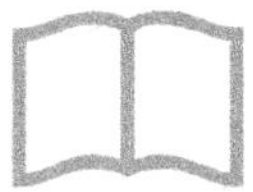

Lee la siguiente información sobre una festividad chilena y luego, realiza las actividades que se proponen.

La fiesta de la Tirana es una celebración de carácter religioso que se realiza en el norte de Chile, cada 16 de julio, en un pueblito que se llama La Tirana, en la comuna de Pozo Almonte, región de Tarapacá.

La festividad se **hace** para *honrar* a la Virgen del Carmen, *patrona* de Chile. El pueblito solo **tiene** 800 habitantes, pero cada año se juntan en este lugar más de 280.000 personas que **vienen** de Chile, Bolivia y Perú a bailar para la Virgen. También existen muchas personas que **van** como turistas a ver el espectáculo, porque es muy interesante, multicultural y multicolor.

Los participantes de las diferentes *cofradías* se **visten** con los trajes típicos de bailarina, **diablo** y otros personajes. Desde todos los rincones del pueblo se **oye** la música que acompaña a los grupos.

El baile más famoso es la Diablada, porque es el más llamativo, debido a la decoración de sus trajes y los famosos pasos de baile. Se inspiran en la diablada *altiplánica* boliviana. De noche, las *máscaras* de los hombres se iluminan con luces, lo que llena de colores la noche *pampina*.

Mira un video sobre la fiesta de la tirana en https://www.youtube.com/watch?v=BiVQKWyspNs&t=4s

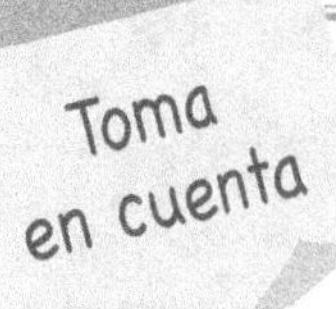

El prefijo "multi" significa mucho.

Ejemplos:

- **Multicultural**: de muchas culturas
- **Multicolor**: de muchos colores

Siempre después de una preposición, el verbo debe estar en infinitivo.

Ejemplos:

- **La festividad se hace para honrar a la Virgen del Carmen.**
  Preposición: *para*

- **[…] que vienen de Chile, Bolivia y Perú a bailar para la Virgen.**
  Preposición: *a*

1.1. Aprendamos nuevas palabras. En el texto sobre la Tirana aparecen varias palabras que pueden ser nuevas para ti. Junto a un compañero trata de descubrir, ayudado por el contexto, qué significan. Escribe un sinónimo o una explicación y luego, una oración.

1. **Honrar:**

   Ejemplo: ____

2. **Patrona:**

   Ejemplo: ____

3. **Cofradía:**

   Ejemplo: ____

4. **Diablo:**

   Ejemplo: ____

5. **Altiplánica:**

   Ejemplo: ____

6. **Máscara:**

   Ejemplo: ____

7. **Pampina:**

   Ejemplo: ____

1.2. Los presentes irregulares del indicativo. En el texto anterior hay también, algunos verbos en negrita. ¿Por qué están destacados? ¿Cómo se conjugan? Completa el cuadro.

	HACER	TENER	VENIR	IR	VESTIR	OÍR
Yo						
Tú						
Él/Ella/Usted	hace	tiene				oye
Nosotros/as						
Vosotros/as						
Ellos/Ellas/Ustedes			vienen	van	visten	

1.3. Practica, creando oraciones con otros verbos que tienen la misma irregularidad.

1. Decir (se conjuga como hacer): __________________________________
2. Mantener (se conjuga como tener): __________________________________
3. Traer (se conjuga como venir): __________________________________
4. Seguir (se conjuga como vestir): __________________________________
5. Construir (se conjuga como oír): __________________________________

1.4. ¡A ver si me acuerdo bien! Para recordar las conjugaciones, completa las oraciones con los siguientes verbos conjugados en presente. Atención, algunos son irregulares.

ir - llevar - mirar - escuchar - querer - tomar - vivir - abrir - perde - preferir

1. Jorge __________________ mucho dinero en los juegos.
2. Julia y José __________________ a la escuela cada día.
3. Los hijos __________________ las fotografías de las vacaciones.
4. Mauricio __________________ la puerta con mucho cuidado.
5. Los niños __________________ ir al zoológico en lugar del museo.
6. Rosalía __________________ un taxi.

7. Nosotros _________________ en Chile.

8. Yo _________________ un té.

9. Carolina _________________ los documentos al banco.

10. Ellos _________________ música todo el día.

1.5. ¡Conociendo otras culturas! Así como en Chile existe La Tirana, cada país tiene sus propias celebraciones típicas. Conversa con tus compañeros sobre las fiestas típicas de sus países y luego coméntalo con la clase.

1.6. ¡Queremos saber! Para conocer más de tu país, prepara una presentación sobre alguna fiesta típica que no hayas contado en la actividad anterior. Investiga sobre sus orígenes, sobre qué se celebra, dónde y cómo. Presenta a la clase fotos relacionadas con la fiesta, música y costumbres. Si quieres puedes bailar, cantar o cocinar algo típico de esa festividad.

Toma en cuenta

*Para que tu presentación sea entretenida, debes hacer participar a tus oyentes con preguntas durante tu presentación. Por ejemplo: **¿Por qué crees que se usa esa vestimenta?** O **¿Dónde crees que se celebra?**, etc.*

2 | LA VENDIMIA

Francisco y Gloria son fanáticos del vino. Les gusta mucho tomar vino y saben mucho sobre distintas cepas y viñas. Este otoño ellos están en Santiago y tienen planes para visitar una viña durante la vendimia. Escucha su conversación y completa el diálogo. Audio 3

Gloria: Francisco, tengo muchas ganas de ir a una viña o a un pueblo para ver cómo se celebra la Vendimia, ¿quieres ir conmigo?

Francisco: Sí, por supuesto. Es más, yo ya tengo planes. ____________ a San José de Maipo. Ahí se ____________ la próxima semana.

Gloria: ¡Fantástico! ¿Sabes qué ____________ para celebrarla?

Francisco: Las diferentes viñas que hay en la zona se ____________ en la plaza. Cada una ____________ un puesto en el que ____________ su vino a los turistas.

Gloria: Me parece muy bien, pero pienso que ____________ caro.

Francisco: No sé cuánto ____________ este año, pero sé que existen diferentes precios dependiendo de cuántas copas de vino quieres comprar.

Gloria: Eso está muy bien, ¡el problema es que ____________ muchas copas!

Francisco: ¡Salud por eso!

2.1. El futuro imperfecto. Ya conoces la forma ir + a + infinitivo para hablar del futuro (Ejemplo: *voy a ir a la vendimia*). Esa forma se usa principalmente para hablar sobre planes que pronto voy a realizar. Pero hay otra forma, que se llama futuro imperfecto, que es la que escuchaste en el diálogo. Todas las terminaciones se conjugan igual. Completa el cuadro.

FUTURO IMPERFECTO REGULAR		
	-AR	*-ER*	*-IR*
Yo		ofreceré	iré
Tú	juntarás		
Él/Ella/Usted	juntará	ofrecerá	
Nosotros/as		ofreceremos	
Vosotros/as	juntaréis	ofreceréis	iréis
Ellos/Ellas/Ustedes	juntarán		

Hay algunos verbos que son irregulares. Dentro de los más usados están los que se presentan a continuación. Junto con tu compañero averigua cómo se conjugan y crea una oración para cada uno.

1. Querer: ____
2. Hacer: ____
3. Decir: ____
4. Tener: ____
5. Saber: ____
6. Haber: ____
7. Poner: ____
8. Poder: ____
9. Salir: ____
10. Valer: ____
11. Venir: ____
12. Caber: ____

2.2. ¡Practiquemos! Completa con la forma correcta del futuro.

1. Mañana en la tarde tú ___________________ (*ir*) al sur para hacer la ruta de la cerveza artesanal.

2. Mis amigas y yo ___________________ (*mirar*) un espectáculo en la viña en Talagante.

3. El próximo fin de semana nosotros ___________________ (*tomar*) un trago en la vendimia.

4. La semana que viene yo ___________________ (*tener*) tiempo para visitarte.

5. El miércoles mi pololo ___________________ (*poner*) el cuadro en la pared.

6. Esta noche ellos te ___________________ (*escribir*) una carta.

7. ¿___________________ (*haber*) una fiesta de vino mañana en la noche en tu casa?

8. Yo no ________________ (*pensar*) en eso por un largo tiempo o ________________ (*yo/volverse*) loco.

9. Mañana por la mañana tú ________________ (*hacer*) todas mis tareas.

10. Tú me ________________ (*querer*) para siempre.

11. Mi mamá me ________________ (*traer*) mi vestido pasado mañana.

12. Nosotros ________________ (*practicar*) español el próximo verano en Chile.

13. En dos años más yo ________________ (*hablar*) perfecto español.

14. Ellas no ________________ (*creer*) mi historia, es demasiado fantástica.

15. No tienes que poner el jarrón ahí, porque seguro que los niños lo ________________ (*romper*).

2.3. ¡Vamos a tomar vino!

Chile es famoso por sus buenos vinos y los chilenos tomamos mucho. Visita un supermercado o una viña y averigua más sobre este tema. ¿Qué es una cepa? ¿Cuántas cepas se producen en Chile? ¿Cuál te gusta más? ¿De qué depende el precio del vino? Cuéntale a la clase tu experiencia.

2.4. ¡Feliz cumpleaños!

Si hablamos de fiestas, una de las más celebradas en todo el mundo es el cumpleaños. En algunos países se celebran los 15, 16 o 21 años con una gran fiesta. También muchas personas celebran sus 40 años. Usando el futuro imperfecto planea tu próximo cumpleaños importante.

En mi próximo cumpleaños...

3 | LA NAVIDAD EN CHILE

En Chile y en el hemisferio sur, la Navidad se celebra en verano, ¿lo habías pensado alguna vez? Sin embargo, adoptamos algunas tradiciones europeas. Tenemos pinos de Navidad, comemos comida muy cálida como *pan de pascua*, *galletas navideñas* y *cola de mono*. A los niños el *Viejito Pascuero* **les** regala trajes de baño, bloqueadores para el sol, toallas de playa, pistolas de agua y bicicletas. Los niños salen a la calle por la noche a esperar al *Viejo Pascuero* mirando al cielo, mientras los padres **les** ponen los regalos a los niños bajo el arbolito. Muchas veces, luego de abrir los regalos, los padres **les** permiten a sus hijos salir por el vecindario

para mostrar**les** sus nuevos juguetes a sus vecinos. Yo vivo lejos de mi familia, por lo que cada año ellos **me** mandan un saludo para desear**me** feliz Navidad ¿A ti qué **te** dan?

3.1. ¡Qué diferente! Comenta tus impresiones sobre la celebración de la Navidad en Chile. Apoya tu conversación con las siguientes preguntas.

1. ¿Qué te sorprende más de la celebración?
2. ¿Cómo se celebra tradicionalmente en tu país o región?
3. ¿Qué comida o bebida es típica en esa celebración?

Toma en cuenta

En Chile, Santa Claus es llamado "viejito pascuero" o "viejo pascuero".

Para hablar del Árbol de Navidad, simplemente decimos "el arbolito".

3.2. Pronombre de objeto indirecto. En el texto sobre la Navidad en Chile hay algunas palabras en negrita. Estas palabras son *pronombres indirectos*: *le*, *les*, *me* y *te*. Lee la información a continuación para entender mejor este tema.

En una comunicación siempre hay 3 factores:

1. Alguien que hace la acción (sujeto)
2. Un mensaje o algo que se entrega (complemento directo)
3. Alguien que recibe algo o escucha (complemento indirecto)

Por ejemplo: *Pedro le entrega una flor a María.*

- Para conocer el **sujeto** es necesario preguntar: **¿Quién?**

  Ejemplo: *¿**Quién** le entrega una flor a María?* Pedro.

- Para conocer el **objeto directo** es necesario preguntar: **¿Qué?**

  Ejemplo: *¿**Qué** le entrega Pedro a María?* Una flor.

- Para conocer el **objeto indirecto** es necesario preguntar: **¿A quién?**

  Ejemplo: *¿**A quién** le entrega una flor Pedro?* A María.

Ejemplo:

Pedro	le	entrega	una flor	a María.
Sujeto	CI	Verbo (v)	CD	Complemento indirecto

El **complemento indirecto** está dos veces en la oración: LE y María. A María es solo para especificar o enfatizar a quién. No siempre es necesario repetir el **CI**.

Ejemplo:

Pedro	LE	entrega	una flor
Sujeto	CI	V	CD

Conozcamos ahora cuáles son todos los pronombres indirectos:

Yo	ME
Tú	TE
Él/Ella/Usted	LE (SE*)
Nosotros/as	NOS
Vosotros/as	OS
Ellos/Ellas/Ustedes	LES (SE*)

* Cuando se usa el objeto directo en sus formas **LO / LA / LOS** o **LAS** junto al objeto indirecto en sus formas **LE** o **LES**, este último lo debemos cambiar por **SE**. Pero esto lo vamos a aprender y practicar después.

- Ejemplo: *Ellos les dicen sus nombres a los niños nuevos.* ***Se los*** *dicen para presentarse.*

Toma en cuenta

Los pronombres de objeto indirecto son los mismos que usamos asociados al verbo gustar.

- *Ejemplo:* **Me gusta escuchar música.**

Sin embargo, al usarse como pronombres de objeto indirecto su función cambia.

Siempre el pronombre indirecto va antes del verbo conjugado:

- *Ejemplo:* **Ella me da un regalo.**

Cuando usamos infinitivo o gerundio, los pronombres van después y formando una sola palabra:

- *Ejemplo:* **Ella quiere comprarles un regalo a sus padres, en este momento está comprándoles un regalo.**

ATENCIÓN: cuando se juntan ambas reglas en una oración, podemos elegir: *Ella **les** quiere comprar. / Ella quiere comprar**les**.*

3.3. ¡Y ahora, vamos a reconocer! Identifica el complemento indirecto.

Ejemplo: *Juan les da un mensaje a sus amigos.*
CI: sus amigos

1. Fernando le compra un regalo a Cecilia.

   CI: _______________________________________

2. Mi mamá me puede dar un dulce.

   CI: _______________________________________

3. Miguel le da la comida a su perro.

   CI: _______________________________________

4. Hugo le presta su libro a Jaime.

   CI: _______________________________________

5. Cristina te tiene que escribir una carta.

   CI: _______________________________________

3.4. ¿Entendí bien? Completa ahora con el pronombre indirecto necesario.

1. Yo _________ doy un regalo a Juan.

2. Ellos _________ escriben una carta a María.

3. Mi mamá _________ compró mucha ropa a mí.

4. Los niños _________ dicen la respuesta a sus profesoras.

5. Francisco _________ entrega los chocolates que me prometió.

6. Marcia _________ cuenta la verdad a ti.

7. Daisy _________ preparará la comida a su mamá.

8. Nuestros amigos _________ traen muchos regalos a nosotros.

Toma en cuenta

Después de las preposiciones, algunos pronombres cambian, como **yo** *y* **tú***:*

- Por **mí**

- Sin **ti**

Los otros pronombres (él, ella, usted, nosotros, vosotros, ellos, ellas, ustedes) se mantienen iguales.

Atención, con la preposición "con" el cambio es más grande, porque se forma una palabra:

- **Conmigo**

- **Contigo**

4 | TAREA FINAL: NOTICIERO, DESPACHO DESDE UNA FIESTA

En todas las emisoras radiales hay periodistas que van a diferentes lugares de la ciudad o del país para contar qué está sucediendo ahí. Normalmente van a ese lugar porque hay algo interesante para investigar.

En esta tarea final te debes transformar en un periodista y debes buscar alguna fiesta que se celebre y hacer un despacho desde ese lugar. Puedes usar tu teléfono para grabar lo que estás viendo, hacer algunas entrevistas, describir el ambiente (cuántas personas hay, cómo son, cómo van vestidas, su estado de ánimo, etc.) y dar datos de la celebración como el motivo, el origen y las novedades de esta celebración en particular con respecto a otros años.

Recuerda que tienes que imaginar que estás "en vivo" y describir muy bien, ¡pues en la radio, solo te escuchan!

A continuación, te presentamos un ejemplo. Audio 4

✓ AUTOEVALUACIÓN

1. Completa con la forma correcta del verbo irregular en presente. (8 puntos)

   1. Yo _________________ (*querer*) visitar La Tirana algún día.

   2. Ella no es buena persona, siempre _________________ (*mentir*).

   3. Francisco _________________ (*dormir*) con la boca abierta, ¡es muy divertido!

   4. Mis hijos, al llegar de la escuela, _________________ (*jugar*) en lugar de hacer sus tareas.

   5. Nosotros generalmente _________________ (*contar*) historias de terror en las fogatas en la playa.

   6. Tú nunca _________________ (*envolver*) los regalos, a mí me gusta abrir los paquetes.

   7. Cada día en Chile, las empresas inmobiliarias _________________ (*construir*) muchos edificios.

   8. Yo siempre _________________ (*seguir*) los consejos de mi madre.

2. Ubica los verbos en la tabla según la misma irregularidad. (13 puntos)

   apretar - competir - morir - volver - morder - mentir - defender - florecer - conseguir - parecer - almorzar - llover - reír

PIENSO	PUEDO	PIDO	CONOZCO

3. Completa con la forma correcta de los verbos en futuro. (9 puntos)

Este fin de semana ________________ (*ir*) a la nieve, al sur de Chile, a Chillán. Ahí ________________ (*tener*) que tomar clases de esquí, porque no sé esquiar. También ________________ (*arrendar*) esquíes y botas, porque no tengo. Pienso que ________________ (*poder*) aprender rápido, eso espero.

Mis amigas también ________________ (*venir*) con sus familias. Por la tarde yo ________________ (*hacer*) chocolate caliente en nuestro refugio, para pasar el frío.

Me ________________ (*poner*) ropa muy gruesa, porque no quiero congelarme. Creo que por la noche nosotros no ________________ (*salir*) a ningún lugar y nos ________________ (*quedar*) jugando cartas o juegos de mesa.

4. Escribe cómo será tu futuro usando los siguientes verbos: *tener*, *poder*, *ir*, *hacer*, *ser*, *estar* y *pensar*. (7 puntos)

5. Completa con el pronombre indirecto correcto. (10 puntos)

   1. Héctor envía un e-mail cada semana. Él ________ envía un e-mail a nosotros para mantener el contacto.

   2. Borja compra dulces para sus hijos. Él ________ compra dulces aunque sabe que no es saludable.

3. La mujer corta el pelo. La mujer __________ corta el pelo a mí, es peluquera.

4. El profesor enseña español. Él __________ enseña español a los estudiantes extranjeros.

5. Margarita compra un libro de arte para su amada hija Ignacia. Ella __________ regala el libro para su cumpleaños.

6. Tú cortas la torta y __________ repartes a todos los invitados.

7. La peluquera se reúne con la novia. Ella __________ hace un peinado a la novia para el día de su boda.

8. Los carabineros no tienen nueva información sobre la abuela. Ellos no __________ dan nueva información a nosotros.

9. Rodrigo ayuda a Beto. Él __________ explica matemáticas.

10. Nicolás escucha el problema de Catalina. Él puede dar __________ la solución a Catalina.

Calcula tu nota y ubica tu logro ¿dónde estás?

Excelente	Muy bueno	Bueno	Regular	Malo	Muy malo	Pésimo
7 - 6,6	6,5 - 6,0	5,9 - 5,1	5,0 - 4,5	4,4 - 3,5	3,4 - 3	2,9 - 1
47-44 (pts.)	43-41 (pts.)	50-35 (pts.)	34-31 (pts.)	30-24 (pts.)	23-18 (pts.)	17-0 (pts.)

UNIDAD 3

"He aprendido que estar con aquellos a los que amas es suficiente".

Walt Whitman (1819-1892), poeta estadounidense

CONTENIDOS FUNCIONALES:
- Hablar sobre acciones pasadas con implicancia en el presente
- Retomar información del texto

CONTENIDOS GRAMATICALES:
- Pronombres átonos de objeto directo
- Participios irregulares
- Pretérito perfecto
- Adjetivos y pronombres indefinidos

TAREA FINAL DE LA UNIDAD:
- Cartelera y panoramas de fin de semana

☐1 ¡ESAS COSTUMBRES DE FAMILIA!

Escucha la conversación entre estos dos amigos. Luego contesta las preguntas de comprensión. Audio 5

1. ¿Qué invitación hace Dave a su amigo Luciano?
2. ¿Luciano puede o no puede aceptar la invitación de Dave? ¿Por qué?
3. ¿Qué hace Luciano una vez al mes?
4. ¿Qué dice Dave sobre las tradiciones de su propia familia?

1.1. ¿Y tu familia? Responde las siguientes preguntas para tener una conversación en la clase.

1. ¿Quiénes integran tu familia?
2. ¿Tu familia tiene alguna actividad común?
3. ¿Tienen alguna tradición familiar heredada de generación en generación?
4. ¿Qué costumbres familiares hay en tu país?
5. ¿Crees que hay algún cambio en las familias de antes y las actuales?

2 LAS NUEVAS FAMILIAS. LEE LA SIGUIENTE INFORMACIÓN Y LUEGO REALIZA LAS ACTIVIDADES PROPUESTAS

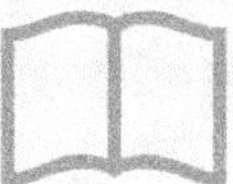

¿HA CAMBIADO LA FAMILIA DESDE LA LLEGADA DE LA GENERACIÓN *'MILLENNIAL'*?

Aunque no hay completo acuerdo en los años exactos, se dice que la generación *millennial* en general, está formada por todas las personas nacidas entre 1982 y 1996 y aunque *a priori* hay muchos años de diferencia, una de las cosas que tienen en común es que, con ellos, la idea tradicional de familia **ha cambiado**.

¿Cuántas veces **hemos escuchado** frases como: "si te casas, olvídate de tus viajes" o "si tienes hijos, ya no volverás a salir a cenar"? Pero, la verdad es que ahora es más fácil que antes tener responsabilidades como padres y poder seguir con las aficiones. Cada vez hay más restaurantes adaptados a las familias, actividades al aire libre y destinos vacacionales para todos. Por lo anterior, el 70% de los *millennials dice que* **ha compartido** con sus hijos muchas más aficiones que sus padres con ellos en el pasado.

¿Cuáles son los planes preferidos de las familias *millennials*?

Esta generación quiere seguir manteniendo su estilo de vida después de la paternidad y la maternidad y por eso, algo muy importante para ellos es la práctica de deporte. Andar en bicicleta, hacer *running* con el bebé en un carrito adaptado o hacer senderismo con los niños, son actividades que **han aumentado** mucho. También **han surgido** muchos panoramas sobre gastronomía, arte y música creados para adultos, pero con un espacio para niños.

Serpadres.es

Adaptado con fines pedagógicos

2.1. Conversa con tus compañeros y profesor sobre el tema del texto anterior. ¿Estás de acuerdo con estos cambios? ¿Se mantienen en tu generación? Comenta tus impresiones.

3 | PRETÉRITO PERFECTO

En el texto de la actividad 2 están marcados en negrita algunos verbos. Ese es un nuevo tiempo verbal en español: el **pretérito perfecto**. Mira su conjugación.

Yo	**He**	
Tú	**Has**	
Él/Ella/Usted	**Ha**	
Nosotros/as	**Hemos**	+ participio (**-ado / -ido**)
Vosotros/as	**Habéis**	
Ellos/Ellas/Ustedes	**Han**	

ATENCIÓN: el participio se forma de la siguiente manera:

VERBOS TERMINADOS EN -AR = -ADO			VERBOS TERMINADOS EN -ER / -IR = -IDO		
Habl**ar**	=	habl**ado**	Com**er**	=	com**ido**
Cant**ar**	=	cant**ado**	Viv**ir**	=	viv**ido**
Jug**ar**	=	jug**ado**	Recib**ir**	=	recib**ido**

3.1. Transforma los siguientes infinitivos en participios.

1. Tomar: 〉 ___________________________
2. Viajar: 〉 ___________________________
3. Esperar: 〉 ___________________________
4. Beber: 〉 ___________________________
5. Recibir: 〉 ___________________________
6. Pedir: 〉 ___________________________
7. Elegir: 〉 ___________________________

3.2. Utiliza ahora los participios del ejercicio anterior para hacer oraciones en pretérito perfecto.

- Ejemplo: *Silvia (tener) ha tenido que viajar al norte varias veces este año.*

1. Fernando (*tomar*) _________________ mucho café hoy.

2. Rosa y Nora (*viajar*) _________________ por varios lugares del sur.

3. Yo (*esperar*) _________________ a mis amigos alrededor de media hora.

4. Hasta ahora, nosotros (*beber*) _________________ un vaso de pisco sour.

5. Tú (*recibir*) _________________ varios correos electrónicos esta semana.

6. Sergio y tú (*pedir*) _________________ comida a domicilio cada noche.

7. Siempre (*yo – elegir*) _________________ sentarme al lado de la ventana.

4 ¡ANTES, AHORA Y MAÑANA TAMBIÉN!

Como puedes ver en los ejercicios anteriores, el **pretérito perfecto** se usa para hablar de **una acción que existe o se desarrolla en el presente, que comenzó en el pasado y que puede también seguir en el futuro**. Mira el siguiente ejemplo:

Carmen está pensando en las actividades que normalmente hace con su familia.

1. Habitualmente, todos **vamos** juntos al cine al menos una vez al mes.
   - Creo que **hemos ido** al cine más de siete veces este año.
     (desde comienzos del año, ahora y después también)

2. A veces, **preparamos** postres de las recetas de la abuela.
   - Toda la familia **ha preparado** esas recetas a lo largo del tiempo.
     (desde hace muchos años atrás, ahora y en el futuro también)

3. Casi todos los domingos en la tarde, **jugamos** juegos de mesa.
   - Hemos jugado juegos de mesa todos los domingos por más de 10 años.
     (desde 2009, ahora y en los próximos años también)

4.1. Completas más oraciones sobre Carmen y su familia, usando la forma anterior.

1. Todos los días jueves lavamos la ropa.

    • ___________________ la ropa todos los días jueves por mucho tiempo.

2. Siempre recordamos al tío Raúl durante la cena de Navidad.

    • Siempre ___________________ al tío Raúl en Navidad, desde que ya no está con nosotros.

3. Todas las noches del lunes, leemos un cuento.

    • ___________________ un cuento ese día de la semana por más de un año.

4.2. Cuenta qué has hecho tú con tu familia o amigos habitualmente.

• Ejemplo: *Con mi familia hemos ido a la playa cada verano.*

1. ____

2. ____

3. ____

4.3. Reformula la siguiente información como en los ejemplos.

• Ejemplos: Rosario trabaja en la Universidad desde el año 2010.
    *Rosario ha trabajado en la Universidad **durante** 20 años*

    Matías es el jefe desde el lunes pasado y hoy es sábado.
    *Matías ha sido jefe **durante** 5 días.*

1. Dave vive en Santiago desde el año 2017.

    ____.

2. Mi familia tiene una tienda de ropa desde enero de este año.

    ____.

3. Román y Martín practican tenis desde el lunes pasado.

____ .

4. Marta está en la oficina desde las 7:30 hrs.

____ .

4.4. ¡Quiero saber detalles! Para preguntar información sobre el tiempo de una actividad, podemos usar: *desde cuándo* y *desde hace cuánto*.

Para preguntar por un momento exacto: ❯	**¿Desde cuándo** (que) estás en Chile?
Para responder con un momento exacto: ❯	Estoy en Chile **desde** febrero. / He estado en Chile **desde** febrero.
Para preguntar por cantidad de tiempo: ❯	**¿(Desde) hace cuánto** (tiempo) (que) estás en Chile?
Para responder con una cantidad de tiempo: ❯	Estoy en Chile **(desde) hace** dos meses. / He estado en Chile **(desde) hace** dos meses.

4.5. Responde de acuerdo con las preguntas.

*   Ejemplo: *¿Desde cuándo estudias español?*

    He estudiado español desde marzo.

1. ¿Desde cuándo aprendes español?
2. ¿Desde hace cuánto tiempo que no vives con tus padres?
3. ¿Desde cuándo asistes a la universidad?
4. ¿Desde hace cuánto tiempo tienes tu teléfono celular?

4.6. Entrevista a tu profesor o a tus compañeros, usando los tipos de preguntas en el cuadro anterior: *desde cuándo* y *desde hace cuánto*.

*   Ejemplo: *Profesor, ¿desde hace cuánto que enseña español?*

5 ¡SIEMPRE HAY IRREGULARES!

Algunos participios son irregulares.

Ver	>	Visto	Decir	>	Dicho
Hacer	>	Hecho	Abrir	>	Abierto
Poner	>	Puesto	Escribir	>	Escrito
Volver	>	Vuelto	Descubrir	>	Descubierto
Romper	>	Roto	Morir	>	Muerto

5.1. Usa los participios de los verbos de la lista anterior y las frases del recuadro, para hacer oraciones como en el ejemplo. Hay más de una opción.

empanadas - esa película - *tres cartas* - a Chile - el resultado
la puerta - esa historia - la misma canción - mi abuelo - varias fotos

- Ejemplo: *Luis ha escrito* **tres cartas** *el día de hoy.*

1. ____

2. ____

3. ____

4. ____

5. ____

6. ____

7. ____

8. ____

9. ____

6 ¡QUIERO SABER MÁS DE TU VIDA!

También se usa **pretérito perfecto** para preguntar y contar sobre experiencias del pasado de una persona. También entendemos que esa acción puede volver a ocurrir en el futuro.

Ejemplos de interacción:

- ¿**Alguna vez** has visitado Japón?

  a.   Respuesta negativa:

- **No, no** he visitado Japón. / **No, nunca** he visitado Japón. / **No, todavía no** he visitado Japón.

  b.   Respuesta positiva:

- **Sí**, he visitado Japón.

- ¿**Cuántas veces** lo has visitado?

- Lo he visitado dos veces. / He visitado Japón solo una vez. / Lo he visitado muchas veces.

Toma en cuenta

Considera todas estas opciones para poder contestar:

Muchas veces	Algunas veces	(Muy) pocas veces
Varias veces	De vez en cuando	Un montón de veces

Sí por supuesto / No, para nada

Claro que sí / obvio que sí / claro que no / Obvio que no

6.1. ¡Ahora a practicar! Escribe preguntas para tus compañeros y entrevístalos. Luego comenten sus respuestas.

- Ejemplo: *¿Alguna vez has viajado en helicóptero?*

6.2. ¿Quieres saber más de la historia, sociedad y cultura de Chile? Escribe preguntas para algún chileno. Usa la estructura aprendida y trae tus resultados a la clase.

- Ejemplos: *¿Alguna vez, Chile ha ganado algún premio Óscar?*

  ¿En Santiago ha nevado alguna vez?

> *En algunos lugares de habla hispana como España, el pretérito perfecto se usa para expresar una acción en el pasado cercano y asociada al presente.*
>
> - *Ejemplos: Esta mañana no he tomado desayuno, **por eso** tengo hambre ahora. / Anoche no he dormido bien, **así que** ahora muero de sueño. / Ayer he estudiado mucho, **entonces** ahora quiero descansar.*

Toma en cuenta

6.3. ¡Siempre hay reflexivos! Atención, si el verbo es reflexivo los pronombres van *antes* del verbo. Mira los ejemplos del cuadro y luego completa los ejercicios.

Peinarse	Yo	**ME**	he peinado
Bañarse	Tú	**TE**	has bañado
Vestirse	Él/Ella/Usted	**SE**	ha vestido
Irse	Nosotros/as	**NOS**	hemos ido
Acordarse	Vosotros/as	**OS**	habéis acordado
Olvidarse	Ellos/Ellas/Ustedes	**SE**	han olvidado

Ejercicios:

1. Mi padre se levanta temprano. = *Él **se** ha levantado temprano.*

2. Tu hermana se maquilla bien. = Ella _________________.

3. Normalmente nos acostamos tarde. = Nosotros _________________.

7 PRONOMBRES Y ADJETIVOS INDEFINIDOS

Los pronombres y adjetivos indefinidos son palabras que se refieren a la cantidad, la identificación indeterminada o imprecisa de una cosa o persona; a su ausencia o presencia. Mira los siguientes cuadros.

PRONOMBRES INDEFINIDOS		
	PERSONAS	COSAS
Existencia indeterminada	Alguien	Algo
Inexistencia	Nadie	Nada

- Ejemplos:
  - *¿Hay **alguien** aquí?*
  - *No, **no** hay **nadie**.*

  - *¿Necesitas **algo**?*
  - *No, **no** necesito **nada**.*

RECUERDA: Para responder negativamente, siempre necesita NO antes del verbo.

7.1. Completa con los pronombres correctos según el contexto.

- Ejemplo: *¿Sabes **algo** nuevo sobre el tema?*

1. Todavía ___________________ sabe que me iré de intercambio. Es un secreto.

2. Creo que tengo ___________________ en el estómago, me duele mucho.

3. Tienes que contarle a ___________________ tus problemas.

4. No te preocupes, no hay ___________________ incorrecto en tu prueba.

ADJETIVOS INDEFINIDOS		
Existencia Indeterminada	MASCULINO	FEMENINO
SINGULAR	algún	alguna
PLURAL	algunos	algunas
Inexistencia		
SINGULAR	ningún	ninguna
PLURAL	ningunos	ningunas

- Ejemplos:

*¿Tienes **algún** mal recuerdo familiar?* ❯ *No, afortunadamente, **no** tengo **ningún** mal recuerdo.*

*¿En tu casa hay **alguna** fotografía antigua?* ❯ *Sí, en mi casa hay **algunas** fotografías muy viejas.*

Los adjetivos indefinidos tienen igual género y número que el sustantivo que acompañan.

7.2. Completa con los adjetivos correctos según el contexto.

Ejemplo: *¿Conoces **algún** libro que hable sobre el tema?*

1. No puedo salir porque tengo _____________ cosas que hacer todavía.

2. Necesito _____________ tiempo para organizarme, ¿puedes esperarme un día más?

3. Estoy feliz. Pude comunicarme sin _____________ problema.

4. No hay _____________ situación complicada, solo debes relajarte.

Toma en cuenta

Se pueden usar los adjetivos indefinidos como pronombres, pero ten cuidado con la forma **masculina singular**, porque cambia un poco.

algún ═ alguno

ningún ═ ninguno

Ejemplos:

- ¿Necesitas **algún** dato más?
  Sí, ¿puedes darme **alguno**?

- No conozco **ningún** lugar tropical.
  Yo no conozco **ninguno** tampoco.

Las formas femeninas no cambian.

Ejemplos:

- ¿Hay **alguna** profesora de idiomas aquí?
  Sí, siempre hay **alguna** por ahí.

- No he visto **ninguna** película nueva este mes.
  Yo no he visto **ninguna** tampoco.

7.3. ¡Una pequeña práctica! Completa las oraciones con el pronombre o adjetivo indefinidos que correspondan.

1. Todavía no he hecho _______________ tarea porque siempre tengo _______________ que hacer en casa.

2. ¿Hay _______________ que no entiendas? Yo puedo darte _______________ ideas.

3. ¿_______________ vez, has sentido que _______________ te entiende?

4. Ahora estoy tranquila, pero _______________ días siento que _______________ ni _______________ puede calmarme.

5. _______________ día, voy a viajar por todo el mundo.

> **Ninguno** y **ninguna** *suelen usarse siempre en singular cuando son usados como pronombres.*
>
> - *Ejemplo:*
>
> **¿Tienes algunos amigos en el extranjero?**
>
> **No, no tengo ninguno.**
>
> (Decir: No, no tengo ningunos. No suele usarse.)

Toma en cuenta

7.4. Existen otros indefinidos, tales como cualquier y cualquiera. Pregúntale al profesor cómo se usan y que te enseñe otras formas.

8 | GRANDES INVENTOS Y DESCUBRIMIENTOS

Durante la historia del mundo ha habido muchos grandes inventos y descubrimientos que han cambiado la vida de las personas. ¿Cuáles crees que han sido los más importantes para la vida de la gente? Elige uno y prepara tu argumentación para defender tu elección. Recuerda aplicar la gramática que has aprendido: pretérito perfecto e indefinidos.

- El teléfono
- La máquina a vapor
- La imprenta
- El avión
- La rueda
- La televisión
- El Internet
- etc.

RECURSOS: Creo que el invento más importante **ha sido**.... porque creo que con él la gente **ha podido**... también creo que **algunos** inventos... porque **algunas** personas...

9 — TECNOLOGÍA EN LA FAMILIA. LEE EL SIGUIENTE TEXTO Y REALIZA LAS ACTIVIDADES SIGUIENTES

LOS ROBOTS VAN A TRANSFORMAR EL CONCEPTO DE FAMILIA MÁS QUE NINGÚN OTRO INVENTO

La robótica es una de las tendencias que está entrando de un modo determinante en nuestras vidas. Primero en la ciencia ficción, luego en forma de juguetes avanzados, proyectos civiles y militares y finalmente, entrando en nuestro ámbito doméstico con propuestas interactivas y proactivas capaces de acompañarnos y ayudarnos en nuestro día a día.

Estamos acostumbrados a usar la tecnología. La usamos cada día en nuestro entorno cotidiano. A estas alturas usamos los teléfonos móviles, los ordenadores, las tabletas, las teles inteligentes y otros dispositivos de un modo totalmente natural. Incluso nos estamos acostumbrando a hablar con ellos mediante asistentes de voz.

¿UN ROBOT ACEPTADO COMO FAMILIA?

Todos estos avances están haciendo que nuestra relación con la tecnología sea progresivamente más natural y hasta humana. Los robots son el máximo exponente de esta humanización, que abre las puertas a que adopten un papel relevante dentro de la familia, ya sea como compañero de juegos de los niños o como asistente muy personal de los adultos. ¿Qué piensas tú al respecto?

www.xataka.com

Adaptado con fines pedagógicos.

9.1 Comenta las siguientes ideas sobre la incorporación de robots en la vida familiar. ¿Estás de acuerdo o en desacuerdo?

1. Dejaremos de ver a los robots como máquinas frías y meramente funcionales.

2. Pasaremos de tener una relación funcional con la tecnología a una relación de confianza y afecto y ganarán un puesto dentro de la propia familia.

3. Un robot va a ser un compañero que no está de mal humor nunca y siempre va a hacer lo que le pidamos. Eso es maravilloso.

9.2. Luego de la conversación anterior, escribe un texto de una página sobre tus reflexiones finales acerca del tema de la tecnología en el hogar.

10 PRONOMBRES ÁTONOS DE OBJETO DIRECTO

OBJETOS DIRECTOS	
Yo	ME
Tú	TE
Él/Ella/Usted	LO / LA
Nosotros/as	NOS
Vosotros/as	OS
Ellos/Ellas/Ustedes	LOS / LAS

CÓMO SE USAN:

Se usan para reemplazar a los sustantivos que reciben la acción del verbo principal. La manera de reconocerlo es la siguiente:

1. María compra mucho.
   - ¿Qué compra?
   - No sé

2. María compra en la mañana.
   - ¿Qué compra?
   - No sé

3. María compra en el supermercado.
   - ¿Qué compra?
   - No sé

4. María compra fruta.
   - ¿Qué compra?
   - **¡Fruta!** 〉 **María <u>LA</u> compra.**

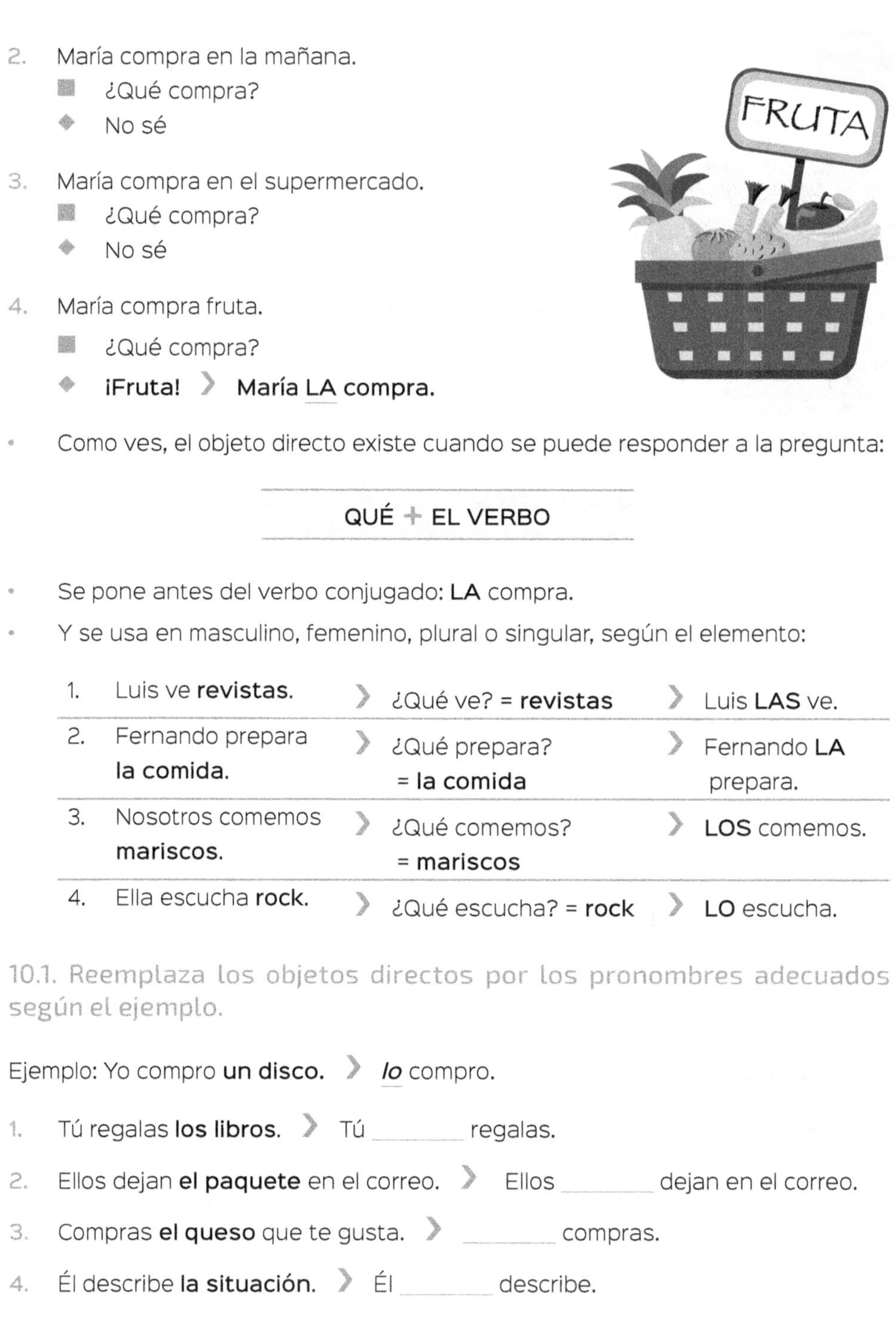

- Como ves, el objeto directo existe cuando se puede responder a la pregunta:

QUÉ + EL VERBO

- Se pone antes del verbo conjugado: **LA** compra.

- Y se usa en masculino, femenino, plural o singular, según el elemento:

1. Luis ve **revistas**.	〉 ¿Qué ve? = **revistas**	〉 Luis **LAS** ve.
2. Fernando prepara **la comida**.	〉 ¿Qué prepara? = **la comida**	〉 Fernando **LA** prepara.
3. Nosotros comemos **mariscos**.	〉 ¿Qué comemos? = **mariscos**	〉 **LOS** comemos.
4. Ella escucha **rock**.	〉 ¿Qué escucha? = **rock**	〉 **LO** escucha.

10.1. Reemplaza los objetos directos por los pronombres adecuados según el ejemplo.

Ejemplo: Yo compro **un disco**. 〉 *lo* compro.

1. Tú regalas **los libros**. 〉 Tú _______ regalas.

2. Ellos dejan **el paquete** en el correo. 〉 Ellos _______ dejan en el correo.

3. Compras **el queso** que te gusta. 〉 _______ compras.

4. Él describe **la situación**. 〉 Él _______ describe.

5. Tú dices **la verdad**. 〉 Tú _______ dices.

6. Ella envía **dos mensajes**. 〉 Ella __________ envía.

7. Tú das **un beso** a tus hijos. 〉 Tú __________ das a tus hijos.

8. Carlos cuenta **un secreto**. 〉 Carlos __________ cuenta.

9. Nosotros arrendamos **una casa**. 〉 Nosotros __________ arrendamos.

10. Ellos escuchan **canciones románticas**. 〉 Ellos __________ escuchan.

10.2. Acepta o rechaza la petición, usando objetos según el ejemplo. Recuerda conjugar el verbo.

Ejemplo: Por favor, ¿puedes comprar pan? 〉 Sí, claro, yo *lo compro*.

1. ¿Puedes servir el café? 〉 Bueno, yo __________________.

2. ¿Puedes comprar queques para la once? 〉 No, yo no __________________.

3. ¿Puedes limpiar las habitaciones? 〉 Sí, por supuesto, __________________.

4. ¿Puedes preparar ensalada? 〉 Claro que sí, yo __________________.

5. ¿Puedes apagar el computador? 〉 No, para nada, yo no __________________.

10.3. ¡Entrevista! Prepara preguntas para tus compañeros y luego practiquen oralmente respuestas para aceptar o rechazar.

Ejemplo:

■ *¿Puedes hacer mi tarea?*

◆ No, por supuesto que no, yo no la hago.

Toma en cuenta

Cuando los pronombres de objeto directo se usan con infinitivo o gerundio, se ponen **después** del verbo:

- Quiero ver esa película. = Quiero ver**LA**.
- Ellos están haciendo los ejercicios de español. = Ellos están haciéndo**LOS**.

10.4. ¡Recuerdos de los abuelos! La familia de Anita ha heredado muchos objetos de sus abuelos. Hoy, están conversando para decidir qué van a hacer con ellos. Escribe ideas como en los ejemplos.

Ejemplos:

- ¿Qué hacemos con la colección de anteojos del abuelo?

  *Podemos donar**la** a un museo.*

- ¿Qué podemos hacer con las joyas de la abuela?

  *Podemos regalar**las** a la prima mayor.*

- ¿Qué podemos hacer con...?:

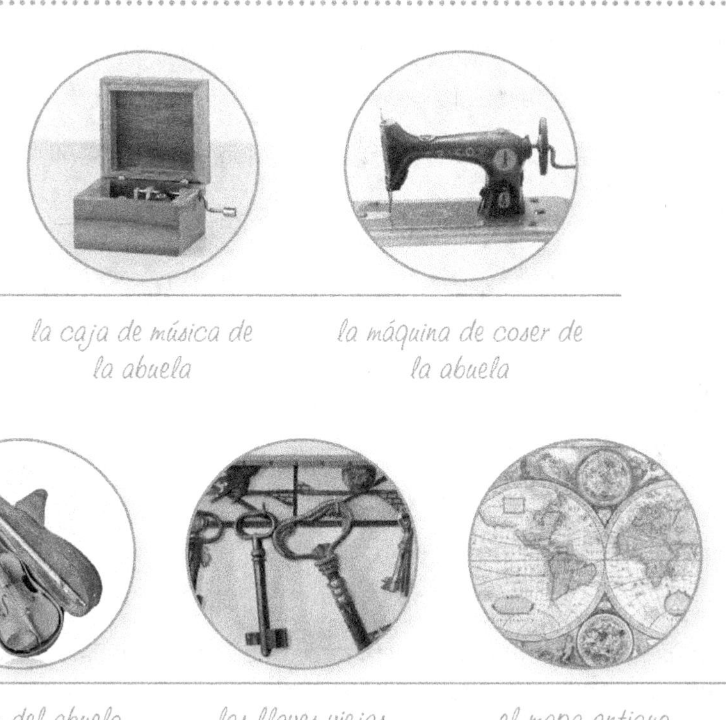

la caja de música de
la abuela

la máquina de coser de
la abuela

el violín del abuelo

las llaves viejas

el mapa antiguo

el mueble familiar

las herramientas del abuelo

los libros de la abuela

las cartas de la abuela

el baúl del abuelo

11 ¡Y LAS PERSONAS TAMBIÉN!

Es importante recordar que las personas también pueden ser objetos directos. Por eso existen pronombres de objeto directo para cada persona gramatical.

Ejemplos:

- *Yo miro **a** Luis.* › *Yo **LO** miro.*
- *María escucha **a** la profesora.* › *María **LA** escucha.*
- *Ustedes quieren **a** Paula y a mí.* › *ustedes **NOS** quieren.*
- **Tú recuerdas **a** mí* › *tú **ME** recuerdas.*
- **Laura invita **a** ti* › *Laura **TE** invita.*

Cuando la persona que habla o la persona que escucha son el objeto directo, solo se usan formas que incluyen el pronombre átono: Amelia ME mira. / Amelia ME mira a mí. Pero NO: Amelia mira a mí.

Toma en cuenta

> **Toma en cuenta**
>
> cuando en una oración el objeto directo es una persona, esta se introduce con la preposición A
>
> - Yo visito Chile: Yo lo visito. / Yo visito **a** mi padre: Yo lo visito.

11.1. Responde las preguntas según el modelo, ahora hablando de personas:

Ejemplo: ¿Amas a **tu novio**? 〉 Sí, *lo* amo.

1. ¿Ves al chico? 〉 Sí, _______ veo.

2. ¿Está esperando a su padre? 〉 Sí, _______ estoy esperando.

3. ¿Visitamos hoy a los abuelos? 〉 Sí, _______ visitamos.

4. ¿Llama usted a su amiga? 〉 Sí, _______ llamo.

5. ¿Vas a mirarme a mí? 〉 Sí, _______ voy a mirar.

6. ¿Van a invitar a las chicas? 〉 Sí, _______ vamos a invitar.

7. ¿Isabel va a llamarte a ti? 〉 Sí, _______ va a llamar.

8. ¿Comprende usted a su hija? 〉 No, no _______ comprendo.

9. ¿Ellos echan de menos a nosotros? 〉 No, no _______ echan de menos.

10. ¿Usted se critica a sí mismo? 〉 No, no _______ critico.

12 TAREA FINAL: CARTELERA Y PANORAMAS PARA EL FIN DE SEMANA

Para continuar con el programa radial que has estado creando en cada unidad. Te invitamos ahora a crear una cartelera de entretención y cultura para el fin de semana.

En décadas anteriores las personas se entretenían disfrutando del aire libre, asistiendo a ferias de entretenciones, al cine para ver películas del oeste o escuchando discos de música en casa. ¿Qué se hace ahora? Averigua qué películas, eventos, ferias y actividades se han estado mostrando en la ciudad y prepara una propuesta de panoramas para el fin de semana. Incluye datos para llegar, si es pagado o no, etc. Recuerda que será presentado en el programa "Viva el fin de semana" de la radio.

El profesor creará las pautas para la forma de presentación y cómo evaluarla.

AUTOEVALUACIÓN

1. Escribe una pregunta para cada respuesta, usando desde cuándo y desde hace cuánto. (5 puntos)

    1. ¿____?

    Desde el año pasado

    2. ¿____?

    Hace 3 meses

3. ¿____?

Hace 5 días

4. ¿____?

Desde el 3 de enero

5. ¿____?

Aproximadamente 2 horas

2. Lee la siguiente historia y completa con el tiempo verbal *presente simple* o *pretérito perfecto*, según el contexto. (16 puntos)

(*Querer/yo*) ________________ contarte sobre mi amiga Silvia, una amiga que (*tener/yo*) ________________ por más de 3 años. Ella (*vivir*) ________________ en Santiago y (*trabajar*) ________________ en la Universidad. Silvia (*vivir*) ________________ en la capital desde los años 90, pero ella (*ser*) ________________ originalmente de la IV Región de Chile. Por eso, como rutina, cuando (*tener*) ________________ tiempo (*viajar*) ________________ a su pueblo natal para descansar y ver a su padre que todavía (*vivir*) ________________ ahí.

Yo le (*preguntar*) ________________ si alguna vez ella (*querer*) ________________ volver a vivir allá, pero me (*decir*) ________________ que durante todos estos años, las experiencias que (*tener*) ________________ en Santiago no (*ser*) ________________ malas, al contrario, así que por ahora, (*preferir*) ________________ vivir acá y seguir viajando a su pueblo los fines de semana, como lo (*hacer*) ________________ todo este tiempo.

3. Completa las conversaciones con los *pronombres* y *adjetivos posesivos* correspondientes. (9 puntos)

algo - nadie - alguno
nada - algunos - alguna
ninguna - alguien - ningún

1.

■ ¿__________________ vez has viajado en un crucero?

◆ ¡No, nunca! Eso es __________________ que todavía es un sueño para mí.

2.

■ ¡Qué hambre! ¡Todavía no he podido comer __________________!

◆ Hay __________________ chocolates en el cajón del escritorio. Elige __________________ de ellos.

3.

■ Creo que hay __________________ afuera, pero no puedo ver su cara.

◆ Enciende la luz de la entrada para poder ver, yo no veo a __________________.

4.

■ ¿Sabes dónde está Rubén? No he tenido __________________ noticia sobre él.

◆ No, tampoco he sabido de él. Y no tengo __________________ teléfono de contacto para llamarlo.

4. Completa el siguiente diálogo de restaurante, reemplazando los *objetos directos* por sus pronombres. (11 puntos)

■ Buenas noches, Señor, ¿quiere ver el menú?

◆ Sí, gracias, ________ quiero ver.

■ Muy bien, ________ traeré inmediatamente.

◆ Disculpe, mientras miro el menú, quiero tomar una bebida gaseosa.

■ Bien, señor, voy a traer ________ también.

Después...

■ ¿Quiere pedir ya su cena, señor?

◆ Sí, quiero pedir __________. Quiero comer pescado.

■ ¿Y con qué quiere acompañar __________?

◆ Con ensalada. ¿Tiene todos los tipos que están en el menú?

■ Sí, __________ tenemos todos.

◆ Bien, entonces quiero mi ensalada con tomate, palta y palmitos.

■ Entiendo, ¿y el pescado __________ quiere al horno o frito?

◆ __________ quiero al horno. Ah, y la ensalada, por favor no __________ quiero en el mismo plato.

■ No hay problema, Señor. En seguida traigo su pedido.

....

■ Acá está su pedido. Que disfrute su comida. Si necesita algo, puede llamar __________ (*a mí*).

◆ Bueno, gracias. Ah, disculpe, puede traerme vino blanco, por favor.

■ Claro, __________ traigo inmediatamente...

Calcula tu nota y ubica tu logro ¿dónde estás?						

Excelente	Muy bueno	Bueno	Regular	Malo	Muy malo	Pésimo
7 - 6,6	6,5 - 6,0	5,9 - 5,1	5,0 - 4,5	4,4 - 3,5	3,4 - 3	2,9 - 1
41-39 (pts.)	38-36 (pts.)	35-31 (pts.)	30-27 (pts.)	26-21 (pts.)	20-15 (pts.)	14-0 (pts.)

UNIDAD 4

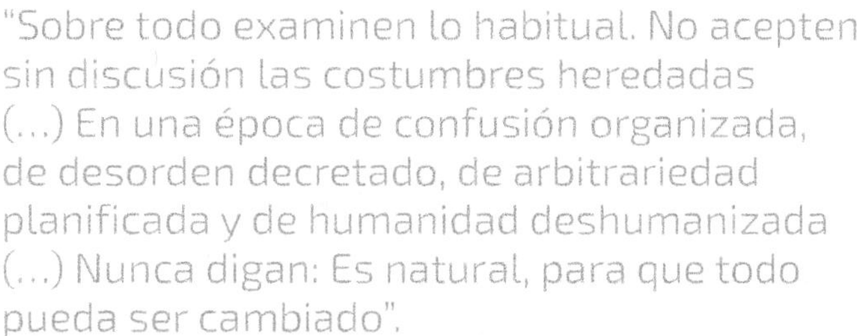

"Sobre todo examinen lo habitual. No acepten sin discusión las costumbres heredadas (…) En una época de confusión organizada, de desorden decretado, de arbitrariedad planificada y de humanidad deshumanizada (…) Nunca digan: Es natural, para que todo pueda ser cambiado".

Bertol Brecht (1898-1956), dramaturgo

CONTENIDOS FUNCIONALES:

- Describir en pasado
- Describir dos acciones simultáneas en pasado
- Marcar relaciones de antes y después en pasado
- Comparar (relaciones de superioridad, inferioridad e igualdad)
- Describir con el verbo *ser*
- Describir con el verbo *estar*

CONTENIDOS GRAMATICALES:

- Pretérito imperfecto del indicativo
- Marcadores temporales de imperfecto
- Adverbios de tiempo que indican posterioridad
- Estructuras para comparar
- Usos exclusivos del verbo *ser*
- Usos exclusivos del verbo *estar*

TAREA FINAL DE LA UNIDAD:

- *Playlist* del recuerdo

1 EL PASADO, ¿PASADO ESTÁ?

Lee con atención los siguientes textos:

Ayer me puse a ver el álbum de fotos de la familia, ¡cuántos recuerdos! Había fotos de cuando íbamos con mis papás y mis hermanos a la playa. Cada año íbamos a una playa distinta: Reñaca un año, Maitencillo otro, Pichilemu después, Los Vilos en otra ocasión... Durante los veranos conocimos muchos lugares y cada uno tenía su encanto. Pero lo que más me gustaba era tomar baños de mar con mi papá. Juntos "capeábamos" las olas más grandes. Al final nos ardían los ojos con el agua salada y mi mamá nos pedía por favor salir del agua a todos. Mis hermanos y yo salíamos con los labios morados de frío, tiritando y mi mamá nos cubría con unas toallas enormes que ella tenía para cada uno. Mi mamá se preocupaba de cubrirnos del frío, pero en ese tiempo no les importaba mucho el sol, porque casi nunca nos poníamos bloqueador.

Con el paso del tiempo, ya no me gustó el agua tan fría y prefería quedarme tomando el sol, leyendo revistas o escuchando música en el personal estéreo. Mis hermanos chicos me decían que yo era "fome". Ellos seguían capeando olas con mi pobre papá, que también se moría de frío, pero se aguantaba. Yo en cambio, llevaba tres o cuatro cassettes para escucharlos, pero nunca me alcanzaba la pila del personal estéreo para escucharlos todos, a pesar de que yo avanzaba o retrocedía las cintas con un lápiz pasta, para no gastar más pilas de lo necesario.

Ahora, sigo tomando el sol, pero ya no escucho música. A la gente le dio por poner una música estridente con parlantes en las playas; me carga. Además, tengo que estar pendiente de mis hijos mientras se bañan solitos en el mar, porque, a diferencia de mi mamá, soy madre soltera y solo tengo mis ojos para cuidarlos y mis manos para dejarlos blancos de tanto bloqueador que les pongo.

El pretérito imperfecto indica acciones habituales en pasado. Fíjate en las siguientes oraciones.

- **Cuando** Ana **era** niña, le **gustaba** bañarse en el mar durante horas.
- **Cuando** Ana **era** adolescente **prefería** quedarse tomando sol en la playa.
- **Mientras** Ana **tomaba** sol, **solía** leer la revista *Tú* o **escuchaba** música en su personal estéreo.

1.1. Algo de vocabulario ¿Qué significan estas palabras en el contexto? Haz tu hipótesis y coteja con tu profesor.

VERBOS	SUSTANTIVOS	ADJETIVOS
Capear	Bloqueador	Fome
Arder	Pila	
Tiritar	Lápiz pasta	
Gastar		
Dar por		
Cargarle algo a alguien		

1.2. Pretérito imperfecto: lo usamos para describir acciones habituales o repetidas que tienen un final abierto (sin determinar).

Ejemplo:

- *A mi abuelo le **gustaba** sentarse fuera de su casa a mirar la gente pasar.*

El abuelo de Ana *tenía* la costumbre de sentarse afuera. No importa en este contexto cuándo dejó esa costumbre o si la dejó.

IMPERFECTO REGULAR:					
JUGAR		**CORRER**		**SALIR**	
Yo	jug-**aba**	Yo	corr-**ía**	Yo	sal-**ía**
Tú	jug-**abas**	Tú	corr-**ías**	Tú	sal-**ías**
Él/Ella/Usted	jug-**aba**	Él/Ella/Usted	corr-**ía**	Él/Ella/Usted	sal-**ía**
Nosotros/as	jug-**ábamos**	Nosotros/as	corr-**íamos**	Nosotros/as	sal-**íamos**
Vosotros/as	jug-**ábais**	Vosotros/as	corr-**íais**	Vosotros/as	sal-**íais**
Ellos/Ellas/ Ustedes	jug-**aban**	Ellos/Ellas/ Ustedes	corr-**ían**	Ellos/Ellas/ Ustedes	sal-**ían**

IMPERFECTO IRREGULAR:					
SER		**IR**		**VER**	
Yo	era	Yo	iba	Yo	veía
Tú	eras	Tú	ibas	Tú	veías
Él/Ella/Usted	era	Él/Ella/Usted	iba	Él/Ella/Usted	veía
Nosotros/as	éramos	Nosotros/as	íbamos	Nosotros/as	veíamos
Vosotros/as	érais	Vosotros/as	íbais	Vosotros/as	veíais
Ellos/Ellas/ Ustedes	eran	Ellos/Ellas/ Ustedes	iban	Ellos/Ellas/ Ustedes	veían

1.3. Usamos el imperfecto para describir acciones habituales o repetidas. Observa:

Ejemplos:

- Ana **solía** hacer castillos de arena.
- Ana **siempre** hacía castillos de arena.

1.4. También usamos imperfecto para describir acciones simultáneas.

Ejemplos:

- **Mientras** Ana hacía castillos de arena, su madre la miraba desde su silla de playa.

1.5. Usamos *mientras*, para indicar acciones simultáneas y *soler* para acciones que se repiten. Escribe junto a cada imagen una oración con *mientras* o *soler*.

Ejemplo:

- *Mientras Laura trabajaba, Ricardo conversaba por teléfono.*

1

2

3

4

1.6. Ubica cada una de las oraciones en el cuadro que le corresponde.

1 Cada vez que íbamos a la playa, hacíamos un picnic en la arena.

2 Siempre íbamos a la playa en bus.

3 Cartagena solía ser una playa muy exclusiva en el siglo XIX.

4 Mientras algunos de mis amigos iban a la playa en vacaciones, otros se quedaban estudiando en su casa.

5 Francisco escuchaba a "Los Prisioneros", mientras Marcia escuchaba a "Soda Stéreo".

Acción habitual 〉 ○ ○ ○

Acción repetida 〉 ○ ○ ○

Acciones que ocurren simultáneamente 〉 ○ ○ ○

2 · EL ORDEN DE LAS COSAS: *LUEGO, DESPUÉS Y FINALMENTE*

Pedro y Ana tomaban once muy rápido, para salir pronto a jugar. **Luego** iban a buscar a todos sus amigos del edificio. Cuando estaban los 15 niños reunidos en el patio del edificio, cortaban matas de pasto y se las tiraban unos a otros; así comenzaba la guerra de pasto. **Después**, no pasaban 10 minutos de la guerra, cuando una vecina salía a gritarles que dejaran de estropear el patio y les gritaba siempre "¡Mocosos de miércale, voy a acusarlos con sus papás!". **Finalmente** los niños corrían a perderse, antes de que la vecina cumpliera su promesa.

2.1. Vocabulario. ¿Qué significan estas palabras en el contexto? Haz tu hipótesis y coteja con tu profesor.

VERBOS	SUSTANTIVOS	ADJETIVOS
Estropear	Once	De miércale
Correr a perderse	Matas de pasto	
	Mocosos	

2.2. ¿Cuáles eran tus costumbres de niño? Usa los adverbios *luego*, *después* y *finalmente* para ordenar tu relato.

2.3. El imperfecto sirve para describir. Describe las siguientes situaciones.

1. Tu último sueño: *En mi sueño yo volaba y miraba todo desde arriba...*
2. Tu casa cuando eras niño/a: *Era grande, tenía muchas habitaciones...*
3. El día que llegaste a Chile: *Estaba nublado, hacía frío...*
4. Tu vida en la primaria: *Tenía muchos compañeros en la clase, algunos eran mis amigos.*

3 | ¡LAS COMPARACIONES SIEMPRE SON ODIOSAS!
COMPARAR PARA DESCRIBIR

Las costumbres de las personas no son las mismas; unas son más raras, otras son más entretenidas, algunas son menos frecuentes. Fíjate en los siguientes ejemplos:

- En los años 60 las familias solían tener **más** hijos **que** hoy. Mis padres jugaban con sus hermanos, porque eran muchos.

- En los años 70 las casas no eran **tan** amplias **como** en los 60. Los nuevos edificios de departamentos no dejaban tanto espacio para que los niños jugaran en sus casas.

- En los 90 los niños ya no jugaban **tanto** en la calle **como** los niños de los 80. Los padres pensaban que no era seguro.

- En el 2000 los niños jugaban mucho más en sus casas. Los juegos de computador parecían **más** entretenidos y **menos** peligrosos **que** salir a la calle a jugar.

3.1. Observa y comenta las preguntas:

MÁS / MENOS QUE	TAN + ADJETIVO + COMO	VERBO + TANTO + COMO
*¿Crees que los niños de los 80 eran **más** sociables **que** los de hoy?* *¿Crees que los niños de los 60 estaban **menos** informados **que** los de hoy?*	*¿Piensas que los niños de antes eran **tan creativos como** los de hoy?*	*¿Opinas que los niños de antes **jugaban tanto como** los de hoy?*
⌄	⌄	⌄
Hay dos elementos que se comparan: 1. los niños de antes y 2. los niños de hoy. Un elemento siempre es superior o inferior al otro.	Hay dos cualidades que se comparan: 1. los niños de antes y 2. los niños de hoy. Las dos cualidades son iguales.	Hay dos verbos que se comparan: 1. de los niños de antes y 2. de los niños de hoy Las dos acciones son iguales.

3.2. ¿Qué hacías tú cuando eras menor? Compara con tus compañeros: ¿quién hacía cosas más entretenidas? Usa el cuadro de abajo para anotar al menos dos comparaciones para cada forma.

Ejemplo:

- *Cuando era niña jugaba **más** a la pelota **que** todas mis compañeras. Era muy buena jugando y corría **tan** rápido **como** un gato.*

Más / Menos que	• •
Tan + adjetivo + como	• •
Verbo + tanto + como	• •

Toma en cuenta

¿Cómo se usa "más"?

- **¡Queremos más juego y menos tareas!**
- **¿Quieres más?**
- **Es más entretenido jugar.**

3.3. ¡Comparemos! Fíjate cómo era la moda de antes y cómo es ahora. Coméntalo con tu profesor y compañeros, usando las estructuras aprendidas. Crea al menos 5 comparaciones y opina sobre las de tus compañeros.

Ejemplo:

- *Creo que la moda de antes era más llamativa que la de ahora.*

4 │ LA ENTREVISTA DEL ABUELO

Mira lo que dice el abuelo sobre su vida cuando era joven. ¿Crees que tú vives algo similar o distinto?

- ¿Tata, cuál era **el mejor** lugar para carretear en su época?

- *Las casas de los amigos. Ahí bailábamos toda la noche.*

- ¿Qué era **lo peor** de ir al colegio?

- *Lo peor era que los profesores te pegaban con una regla si no les hacías caso.*

- ¿Cuál era **su mayor** problema con su polola?

- *Que nunca nos dejaban solos. Siempre alguien nos estaba vigilando.*

- ¿Y cuál era **su menor** problema?

- *Mi menor problema era tomar el trolebús para ir a su casa porque me encantaba el trole.*

4.1. ¡Y ahora tú! Cuéntanos sobre tu mayor / menor…

	mayor	menor
interés	•	•
miedo	•	•
logro	•	•
felicidad	•	•

5 | SIGAMOS DESCRIBIENDO

Ya conoces el verbo *ser*. Fíjate que puedes usar los siguientes adjetivos solo con el verbo *ser*.

a.   Para clasificar (sin determinante cuando el sujeto es miembro de una clase)

- *Violeta Parra era chilena. (Nacionalidad)*
- *Pablo Neruda era comunista. (Ideología)*
- *Esos sacerdotes son budistas. (Religión)*
- *Roberto Matta era pintor. (Profesión)*
- *Vicente Huidobro era aristócrata. (Clase social)*
- *Los guanacos, llamas, alpacas y vicuñas son auquénidos. (Clase animal)*

b.   Para clasificar con determinante

- *Claudio Arrau era un pianista muy famoso y el mejor intérprete de Beethoven de su época.*

- *Los Jaivas eran el grupo musical más importante de Chile durante los años 70.*

c. Para indicar posesión

- *La canción "Mira niñita" es de Los Jaivas.*

d. Para indicar material

- *El techo de la Estación Mapocho es de cobre.*

e. Para indicar origen

- *Los Jaivas eran de Valparaíso.*

f. Para identificar

- *Ese de ahí es mi cuñado.*

- *Pedro es mi hermano menor y Juan es mi hermano mayor.*

- *Te presento a Martín, es mi pololo.*

Ser como

Pedro **es como** mi madre, robusto y de pelo crespo. Juan y yo **somos como** mi padre, flacuchentos y de pelo rubio.

Toma en cuenta

Ahora tú:

¿De qué ciudad eres?

¿Cuál es tu grupo musical favorito?

¿De quién eres el mejor amigo/a?

¿De qué material es la ropa que estás usando?

¿De dónde eres?

¿Quién es tu profesor/a de español?

6 AHORA SOLO EL VERBO *ESTAR*

Los adjetivos que se usan con el verbo *estar* indican *un resultado*. La causa de ese resultado está subrayada. Por ejemplo:

- *Están contentos porque tienen una buena nota en la prueba.*

- *Estamos cansados porque no hemos tenido vacaciones en dos años.*

- *Ramón está triste ¡porque su polola ya no lo quiere!*

- *Liliana ha trabajado mucho y ahora está satisfecha con el resultado.*

- *La abuela está siempre sentada porque sus piernas se cansan fácilmente.*

 FÍJATE EN:

- *Por no estar atentos, los estudiantes no entendieron las instrucciones del profesor.*

Aquí el verbo *estar* no es un resultado, sino la causa. Sin embargo, los estudiantes no estaban atentos porque se distrajeron o se aburrieron (causa).

6.1. ¡Ahora tú! Pregúntales a tus compañeros y profesor/a cómo están (resultado) y descubre por qué están así.

Ejemplo:

- *¿Cómo estás hoy?*

- *Estoy un poco nervioso*

- *¿Y por qué estás nervioso?*

- *Estoy nervioso porque mañana tengo una entrevista de trabajo muy importante.*

Estar con preposición en	**Estar con preposición a**
• Estamos **en** otoño. (Estación del año)	• Estamos **a** 11 de diciembre. (Número de día y mes)
• Estamos **en** octubre. (Mes)	• ¡Estamos **a** 6 grados bajo cero! ¡Brrrr!

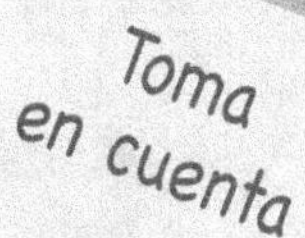

7 TAREA FINAL: PROGRAMA RADIAL: *PLAYLIST* DEL RECUERDO

Estamos listos para crear otro programa para nuestra radio. Lee la información sobre la música del recuerdo en Chile. Investiga un poco sobre los cantantes que se presentan y luego busca y elige tu canción preferida de cada uno para hacer tu *playlist* del recuerdo.

Imprime la letra de una de ellas y presenta la canción en la clase. Incluye información sobre el cantante, explica por qué te gustó esa canción.

Para inspirarte, puedes escuchar las siguientes canciones y luego buscar más de los mismos cantantes para crear tu Playlist favorita.

https://www.youtube.com/watch?v=tRhtxgAjr9k
https://www.youtube.com/watch?v=SgeDlHYor8c
https://www.youtube.com/watch?v=_3iU07FQa5c
https://www.youtube.com/watch?v=hesTpJ4oGvk
https://www.youtube.com/watch?v=8AO8pY09h_Y
https://www.youtube.com/watch?v=p_xOpZGp5Ho
https://www.youtube.com/watch?v=Tu4gF1Yv0SE
https://www.youtube.com/watch?v=bVYX4q62rnE

¿Algo más reciente?

https://www.youtube.com/watch?v=lfyp4Z-v5vM

LOS 60, LA CANCIÓN CEBOLLA Y LA NUEVA OLA CHILENA

LUCHO BARRIOS

Lucho Barrios era peruano, pero su huella en Chile fue trascendente y poderosa. Su potente voz, quejumbrosa y lastimera, se paseaba por valses y boleros de una manera inconfundible. Gracias a ella y a su repertorio lacrimógeno, era, sin discusión, el más exitoso exponente internacional de la "canción cebolla", con más de ciento cincuenta álbumes y sobre mil canciones grabadas. Entre sus grandes éxitos están "Amor de pobre", "Mi niña bonita", "Me engañas, mujer", "Señor abogado" y el vals a Valparaíso: "La joya del Pacífico", con los que desarrolló hasta su muerte, en 2010, una de las carreras más prolíficas de la música popular en Chile.

CLAN 91

Este cuarteto vinculado a los inicios del rocanrol en Chile sostenía su sonido sobre falsetes y arreglos melódicos, ganándose por ello frecuentes comparaciones con los grupos estadounidenses Four Seasons y Beach Boys. Sus álbumes de fines de los años sesenta eran muestra de un pop de arreglos cuidados y minucioso trabajo vocal.

LOS 70 Y LA NUEVA CANCIÓN CHILENA

VÍCTOR JARA

No solo su asesinato a manos de la dictadura militar, en septiembre de 1973, ni su condición de mártir de la Nueva Canción Chilena han hecho de Víctor Jara uno de los artistas más trascendentes de la música chilena. Es su trabajo artístico plasmado en numerosos discos, obras de teatro y actuaciones en vivo lo que definitivamente lo ha consagrado como una de las más grandes figuras de la cultura local. Jara representaba el sentimiento de búsqueda de una nueva dignidad para las clases sociales populares. Su arte y sus aspiraciones eran coherentes con su historia; la de un hijo de campesinos que llegó a un sector pobre y marginal de Santiago.

LOS JAIVAS

Por historia y por creación, se puede considerar a Los Jaivas como la banda chilena de rock más importante de todos los tiempos. Su propuesta tiene un cruce entre rock esencial y la incorporación de elementos del folclor. Los Jaivas fueron los impulsores de una escuela musical que unió el lenguaje natural de las guitarras eléctricas con la mística de las raíces latinoamericanas, andinas y sureñas.

LOS 80 Y EL ROCK LATINO

LOS PRISIONEROS

Los Prisioneros son, ampliamente, el grupo más representativo de la historia del rock chileno. Hacían una música sin pretensiones virtuosas, y sus letras estaban llenas de aguda observación social. Eran la banda sonora del desencanto juvenil en plena dictadura de Augusto Pinochet. Canciones como "La voz de los '80", "El baile de los que sobran", "Tren al sur" o "Sexo" se elevaron como himnos asistémicos, revolucionarios y contestatarios. Diversas crisis internas los llevaron a tener dos épocas y varios quiebres, hasta su final, el año 2006. Pero hoy, con la banda disuelta hace mucho, sus canciones siguen sonando en casi todas las generaciones chilenas.

SODA STEREO

Soda Stereo fue una banda de rock argentina, sin embargo, ninguna otra banda

(excepto Los Prisioneros) era más escuchada en Chile en los 80. Soda Stereo es considerada una de las más influyentes e importantes bandas iberoamericanas de todos los tiempos. Durante su carrera, fueron vanguardistas y marcaron tendencia en Latinoamérica, siendo protagonistas en diversos géneros como la música divertida de sus inicios, la *new wave*, el *dark*, el *hard rock*, el *rock* alternativo y el *rock* electrónico de sus finales.

LOS 90 Y EL *UNPLUGGED*

LOS TRES

Los Tres son el gran símbolo musical de los años noventa en Chile. Su sonido se desarrolló como el de una banda de rock y con el tiempo expandió las fronteras del género. De la cueca a la balada, con algo de Nueva Ola y Nueva Canción Chilena, Los Tres han condensado en su discografía una mirada refinada sobre Chile y su pasado musical, con uno de los mejores sonidos logrados por una banda local desde los primeros ensayos locales de rock.

LA LEY

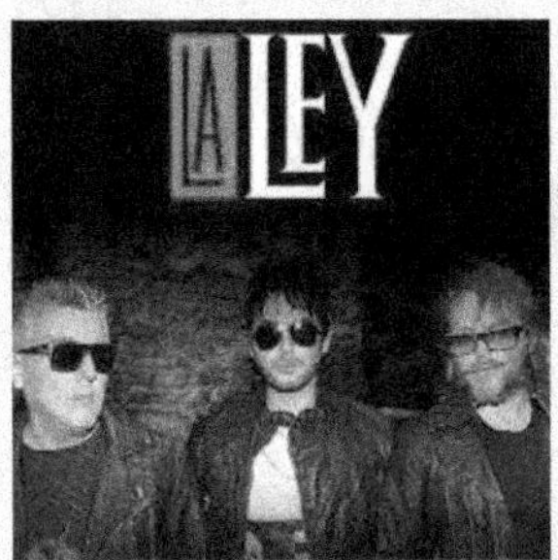

Tras el fin del llamado *boom pop* de los años ochenta en Chile, La Ley fue el único grupo de su generación que pudo gestar una propuesta musical de referentes globales y ambición de trascendencia. Con los años, el grupo se transformaría en un nombre de reconocimiento continental, con canciones, videos y giras que captaron la atención en varios países. Pese a sus cambios de integrantes, las mudanzas geográficas y las voluntarias pausas en su trabajo, no hay duda de que La Ley era un equipo profesional de perspectiva duradera y marca señera para el pop local.

(Adaptado con fines pedagógicos de Música Popular.cl)

  La sobremesa del domingo es maravillosa.

 ## AUTOEVALUACIÓN

1. Describe en pasado, usando al menos 5 verbos para cada contexto. (15 puntos)

   1. Un amigo del vecindario cuando eras niño.

   2. Tu rutina cuando ibas a la escuela.

   3. Las costumbres que tenías con tus amigos antes de salir de tu país.

2. Completa con *ser* o *estar* o verbo indicado en el tiempo correcto según corresponda. (12 puntos)

   1. Cuando yo ______________ menor me (*gustar*) ______________ salir a comer comida chatarra. Yo (*creer*) ______________ que era la mejor comida del mundo.

   2. Ahora no (*creer*) ______________ en los fantasmas, pero cuando ______________ niño, no (*poder*) ______________ dormir durante la noche, porque (*pensar*) ______________ que en mi casa ______________ el fantasma de mi bisabuelo.

   3. Ayer fui a mi trabajo, como todos los días, pero el tráfico ______________ terrible. ______________ muy difícil avanzar en el auto y todos (*parecer*) ______________ locos, mientras (*tocar*) ______________ la bocina sin parar.

3. Compara cada uno de los pares propuestos, con *más / menos que*; *el / la más de*; *tan / tanto / como* (12 puntos)

   1.

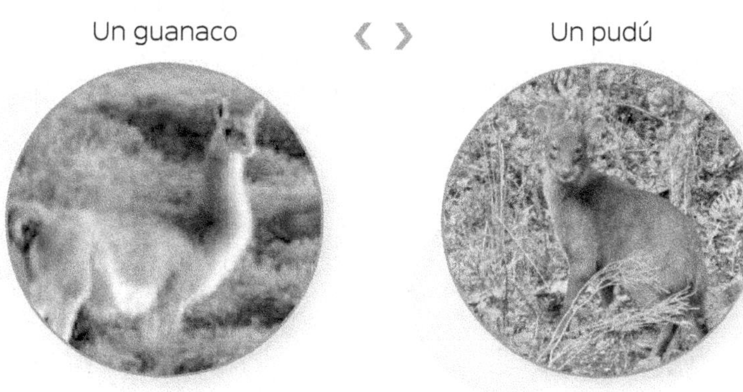

2. Una ballena azul 〈 〉 un delfín

3. Un caballo 〈 〉 una cebra

4. Completa con el adverbio que corresponde para ordenar las ideas. (8 puntos)

1. Primero, me duché con agua bien fría, _________________ me sequé, pero _________________ me vino un resfriado atroz. _________________ tuve que quedarme en cama toda la semana.

2. Sigue estos pasos para hacer un pebre a la chilena:

Antes que nada, compra verdura muy fresca, _________________ pica los tomates, la cebolla y el ají verde en cuadritos muy pequeños. _________________, agrega sal, aceite y jugo de limón. _________________ revuelve todo y cómelo con choripán o sopaipillas.

3. ¡No soporto a Marta! Primero me dice que la ayude con su trabajo, _________________ me dice que haga todo su trabajo y _________________ no me da ni las gracias.

Calcula tu nota y ubica tu logro ¿dónde estás?						
Excelente	Muy bueno	Bueno	Regular	Malo	Muy malo	Pésimo
7 - 6,6	6,5 - 6,0	5,9 - 5,1	5,0 - 4,5	4,4 - 3,5	3,4 - 3	2,9 - 1
47-44 (pts.)	43-41 (pts.)	40-35 (pts.)	34-31 (pts.)	30-23 (pts.)	22-18 (pts.)	17-0 (pts.)

UNIDAD 5

"Todo tiempo pasado fue mejor".

Jorge Manrique (1440-1479), poeta español

CONTENIDOS FUNCIONALES:
- Narrar hechos del pasado
- Expresar posesión

CONTENIDOS GRAMATICALES:
- Pretérito indefinido
- Marcadores temporales
- Pronombres posesivos

TAREA FINAL DE LA UNIDAD:
- Programa de radio: *podcast*

1 ¿QUÉ HICISTE ESE DÍA?

Gabriel recuerda las actividades que hizo mientras estuvo en Chile hace 5 años. Lee los siguientes textos que Gabriel escribió en sus redes sociales.

A Ayer **caminé** por el centro de Santiago, **tomé** desayuno en un café muy bonito y **bebí** un capuchino delicioso. Luego, **visité** la Chascona, que es la casa donde **vivió** Pablo Neruda, el poeta chileno que **escribió** varios poemas y **ganó** el premio Nobel de Literatura en el año 1971. Su casa es un museo muy interesante. Después, **subí** el Cerro San Cristóbal y **disfruté** de unas maravillosas vistas de la capital.

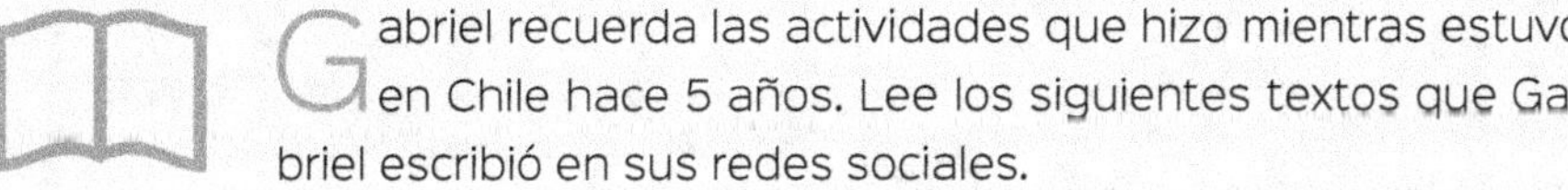

B El fin de semana pasado **viajé** al sur de Chile y **conocí** las famosas Torres del Paine, ¡son realmente hermosas! **Tomamos** muchas fotos con mis amigos y **vimos** paisajes asombrosos. **Nos quedamos** en un hostal con una familia de la zona, ellos nos **prepararon** una comida deliciosa: **comimos** cordero al palo. El día que **subimos** hacia las Torres, **llovió**, **nevó**, e incluso, **salió** el sol. ¡Una experiencia inolvidable!

C El sábado pasado **viajé** al norte. Primero, **llegué** al aeropuerto de La Serena y desde allí **tomé** un bus al Valle del Elqui. Durante una semana **viví** con la familia de un amigo que **conocí** en Santiago y ellos me **recibieron** como a un hijo. Realmente **me sentí** como en el paraíso, las vistas de los cerros son muy bellas. **Visitamos** la casa y la escuela donde Gabriela Mistral **enseñó** durante 3 años. **Nos relajamos** en un camping y **comimos** comida muy rica.

1.1. ¡Ahora es tu turno! Piensa en actividades que hiciste ayer o la semana pasada y compártelas con la clase. Incluye información relativa a:

- ¿Cuándo?
- ¿Dónde?
- ¿Con quién?
- ¿Cómo?

1.2. Narrar en pasado: El Pretérito Indefinido. En los textos anteriores hay verbos que están marcados en negrita. Este tiempo se llama *pretérito indefinido* y lo usamos para:

A. Narrar un hecho acabado del pasado:

- *El fin de semana pasado **viajé** al sur.* (Hoy es miércoles y estoy hablando del sábado y domingo pasados).

B. Narrar acciones puntuales ocurridas una sola vez en el pasado:

- *El año 1971 Pablo Neruda **ganó** el Nobel de Literatura.*

C. Narra secuencia de acciones únicas:

- *Primero **llegué** al aeropuerto, luego **tomé** el bus y, finalmente, **me encontré** con mis amigos.*

1.3. ¿Cómo se conjuga? Toma los verbos que están marcados en negrita en los textos de la actividad 1, y clasifícalos en las siguientes columnas para descubrir cómo se conjugan. Debes escribirlos como aparecen en los textos.

Verbos terminados en -AR	Verbos terminados en -ER	Verbos terminados en -IR
Caminé...		

1.4. Así se conjuga. A continuación tienes la conjugación de los verbos regulares en pretérito indefinido.

	VIAJAR	COMER	RECIBIR
Yo	Viajé	Comí	Recibí
Tú	Viajaste	Comiste	Recibiste
Él/Ella/Usted	Viajó	Comió	Recibió
Nosotros/as	Viajamos	Comimos	Recibimos
Vosotros/as	Viajasteis	Comisteis	Recibisteis
Ellos/Ellas/Ustedes	Viajaron	Comieron	Recibieron

1.5. Completa las siguientes frases con el verbo conjugado de la manera correcta.

1. Jorge y Carla (*llegar*) _____________ a Chile el año pasado.

2. Ella (*tomar*) _____________ el bus para visitar la ciudad.

3. En el restaurante, tú primero (*pedir*) _____________ un pisco sour, luego (ordenar) _____________ el plato de fondo, después (*preguntar*) _____________ por el postre y finalmente (solicitar) _____________ la cuenta.

4. La semana pasada usted (*probar*) _____________ cochayuyo en la playa.

5. ¿Cuándo (*ganar*) _____________ el Nobel de Literatura Gabriel Mistral?

6. Esta mañana, para llegar al trabajo, ellos primero (*tomar*) _____________ la micro, luego (*llegar*) _____________ a la estación y allí (*subirse*) _____________ al metro.

2 PERSONAJES NO TAN FAMOSOS QUE DEBES CONOCER

Mientras Gabriel estuvo en Chile también conoció algunas historias interesantes sobre chilenos famosos y otros no tan famosos. Lee las historias y comenta la que te llame más la atención.

EL CHILENO QUE COMPRÓ LA LUNA

Jenaro Gajardo Vera **fue** un abogado chileno que, supuestamente, el 25 de septiembre de 1954 **pidió**, en una **notaría***, ser dueño de la luna. Luego de ese trámite, y de acuerdo con las leyes chilenas, **escribió** tres publicaciones en el Diario Oficial chileno. Don Jenaro **dijo** a la prensa que **tuvo** dos grandes objetivos para hacer esto: primero, quería un mundo sin violencia, envidia, odio ni vicios y segundo, gracias a la compra de la luna, **pudo** integrar el Club Social de Talca, pues era requisito para poder entrar al club tener alguna propiedad.

* La notaría es una oficina donde se realizan varios trámites, como inscribir propiedades.

EL REY DE LA ARAUCANÍA

Orélie-Antoine **vino** a Chile en 1858 y dos años después se mudó a la Araucanía junto con un grupo de comerciantes franceses. Luego Orélie-Antoine explicó su objetivo: "**llegué** a La Araucanía para conversar con algunos Loncos, jefes mapuche, e invitarlos a crear una monarquía en la Araucanía. **Comencé** a trabajar con los loncos porque ellos querían hacer más fuerte su oposición al Estado chileno". El rey de la Araucanía **construyó** su reino entre el río Biobío, al norte, el Océano Pacífico, al este, el Océano Atlántico, al oeste, y el Estrecho de Magallanes, al sur.

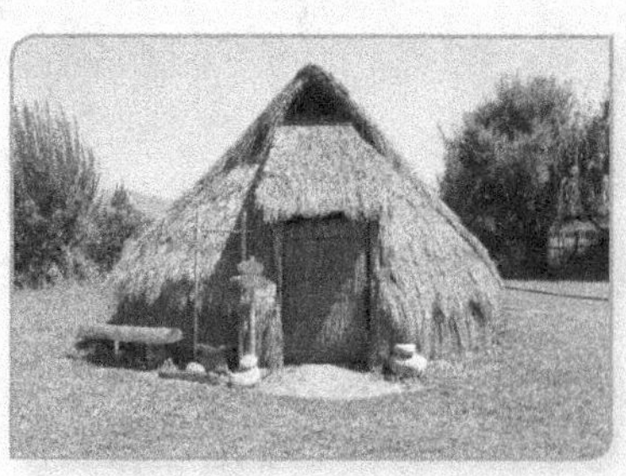

LA PRIMERA MUJER MÉDICA EN CHILE

Eloísa Díaz **fue** una mujer pionera en Chile, pero **tuvo** que romper

muchos prejuicios. En 1880, Eloísa postuló a la Escuela de Medicina de la Universidad de Chile, **fue** la primera mujer en hacerlo después de que una nueva ley en Chile lo **permitió**. Debido a los prejuicios sociales de la época, ella **tuvo** que asistir a clases junto a su madre. **Estuvo** en la universidad 6 años, allí **consiguió** el cariño de sus compañeros y de sus profesores y, finalmente, **pudo** obtener su título de médica cirujana el 27 de diciembre de 1886.

2.1. ¡Los irregulares de siempre! En el texto anterior aparecen algunos verbos irregulares, vamos a revisar algunas reglas.

IRREGULARIDADES VOCÁLICAS (verbos terminados en *-IR* en tercera persona)		
E cambia a *I*	*O* cambia a *U*	Cambiar la *I* por una *Y* en tercera persona (verbo con vocal + *ER* o *IR*)
Ejemplos: • P**e**dir: (él) p**i**dió • S**e**ntir: s**i**ntió • Rep**e**tir: rep**i**tió	Ejemplo: • D**o**rmir: (ella) d**u**rmió	Ejemplos: • Leer (ella) le**y**ó • Huir (usted) hu**y**ó

IRREGULARIDAD ORTOGRÁFICA	
Verbos terminados en *-AR* en primera persona	Verbos terminados en *-UCIR*, cambia a *J* en todas las personas
a. verbos terminados en *-gar* • Ejemplo: apa**gar**: (yo) apa**gué** b. verbos terminados en *-car* • Ejemplo: expli**car**: (yo) expli**qué** c. verbos terminados en *-zar* • Ejemplo: empe**zar**: (yo) emp**ecé** d. verbos terminados en *-guar* • Ejemplo: averi**guar**: (yo) averi**güé**	• Ejemplo: tradu**cir**: traduje, tradujiste, tradujo, tradujeron, tradujisteis, tradujeron*) *Tradujeron (no ~~tradujieron~~)

2.2. ¡A clasificar! A continuación tienes un grupo de verbos irregulares, debes clasificarlos en uno de los grupos que se presentan a continuación.

Seguir - Atacar - Mentir - Preferir - Reír - Jugar - Averiguar - Alcanzar - Divertirse - Freír - Comenzar - Caer - Producir - Poseer - Construir - Colgar - Destruir - Influir - Vestirse - Morir - Incluir - Oír - Conseguir - Conducir - Corregir - Convertirse - Herir - Elegir - Sonreír - Introducir - Buscar - Reducir

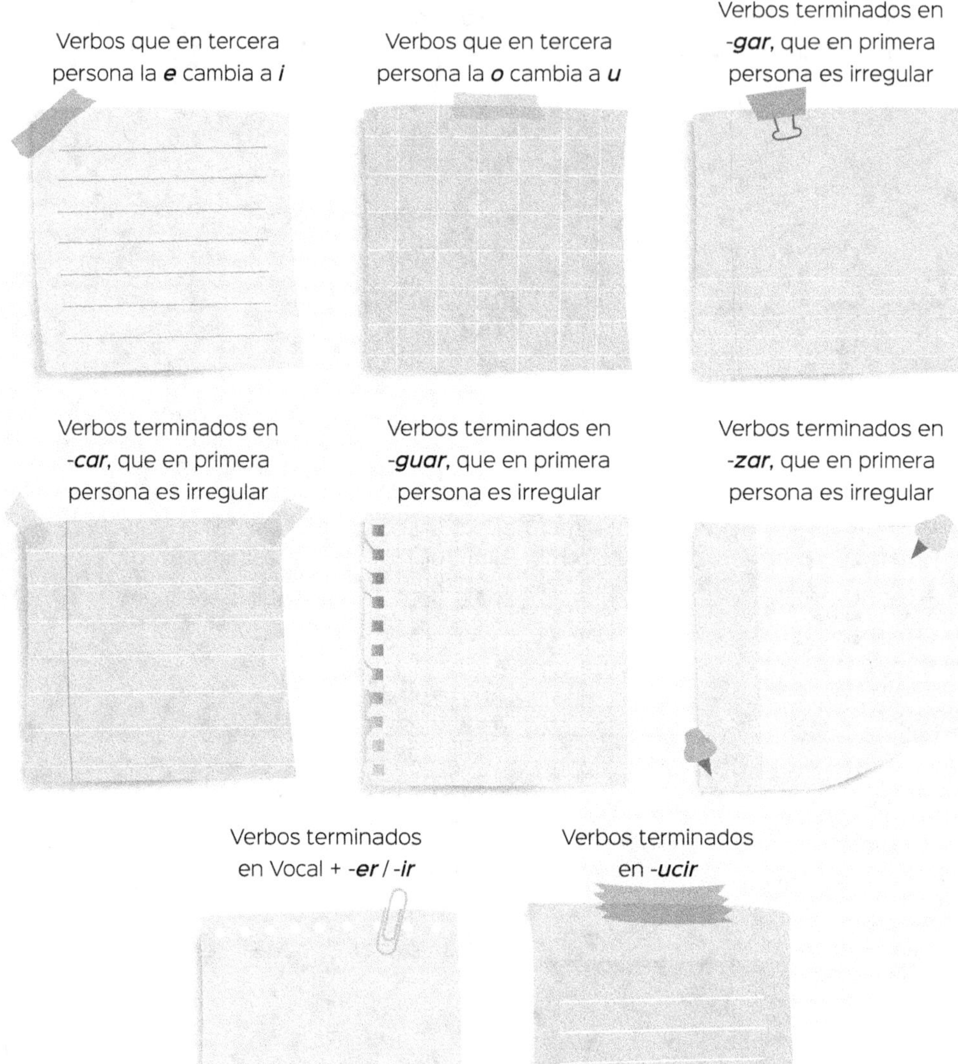

2.3. Otros verbos irregulares

Andar	Anduv		
Caber	Cup		e
Estar	Estuv		iste
Poder	Pud		o
Poner	Pus	+	imos
Querer	Quis		isteis
Saber	Sup		ieron
Tener	Tuv		
Venir	Vin		

	SER / IR	DAR	HACER	DECIR	TRAER
Yo	fui	di	hice	dije	traje
Tú	fuiste	diste	hiciste	dijiste	trajiste
Él/Ella/Usted	fue	dio	hizo	dijo	trajo
Nosotros/as	fuimos	dimos	hicimos	dijimos	trajimos
Vosotros/as	fuisteis	disteis	hicisteis	dijisteis	trajisteis
Ellos/Ellas/Ustedes	fueron	dieron	hicieron	dijeron	trajeron

2.4. Ayer, anteayer y el día anterior. Frecuentemente cuando utilizamos el *pretérito indefinido*, usamos algún marcador temporal para expresar el momento en que realizamos la acción. Mira los ejemplos de algunos de estos marcadores temporales.

ayer, anteayer, anoche, el otro día, el martes / jueves, hace tres días / dos meses / cuatro años, la semana pasada, el lunes / mes / año / verano... pasado, en 1995

2.5. ¡Vamos a practicar! Conjuga los verbos entre paréntesis en *pretérito indefinido*, recuerda que puede haber algunos irregulares.

1. Ayer (*averiguar*) _______________ el lugar donde (*estar*) _______________ la casa del rey de la Araucanía.

2. Anteayer mi hermano (*divertirse*) _______________ leyendo la historia del dueño de la luna.

3. Anoche ellos me (*decir*) _________________ la historia real del Teniente Bello.

4. El otro día mis padres (*ir*) _________________ al museo de Violeta Parra.

5. Hace dos meses ellos (*traducir*) _________________ la historia de Eloísa Díaz al chino, para darla a conocer.

6. El año 2010 muchos presos (*huir*) _________________ de la cárcel, cuando _________________ (*ocurrir*) el terremoto.

7. La semana pasada mis padres (*conducir*) _________________ por la costa, visitando la Ruta de los Poetas.

8. El lunes pasado (*estar*) _________________ en el Museo de la Memoria, y me (*parecer*) _________________ muy sobrecogedor.

9. El verano pasado mi hermano (*venir*) _________________ a Chile y (*visitar*) _________________ muchos museos.

10. En 1995, Marta (*construir*) _________________ este edificio.

2.6. Y tú, ¿qué hiciste? De seguro hay muchos eventos importantes en tu vida que te han marcado de diferentes maneras. Elige un evento y cuéntalo a tu compañero(a), él o ella debe escribirlo y luego compartirlo con la clase.

Ejemplo:

- *El año pasado Matías visitó la Isla de Pascua y fue un viaje increíble, porque allí conoció a...*

3 Y TÚ, ¿ANDAS MÁS PERDIDO QUE EL TENIENTE BELLO?

Ahora veremos otras historias de personajes famosos. Completa con los verbos en pasado. Los verbos pueden ser regulares o irregulares.

El Chinchinero

El Chinchinero (*nacer*) _________________ en la Región Metropolitana. Don Lázaro Kaplán (*ser*) _________________ quien (*comenzar*) _________________ esta tradición en la década de 1920, su función era acompañar al organillo to-

cando con el chinchín y el bombo. Don Héctor (*inventar*) _______________ el baile del chinchinero a fines de la década del 30. Otros personajes (*acompañar*) _______________ al organillero en esa época, como **el fotógrafo, el suplementero, el afilador de cuchillos** y el **farolero** que indicaba la hora.

1. ¿Has visto alguna vez a un chinchinero en las calles? Puedes buscar un video en YouTube.

2. Averigua sobre uno de los personajes que aparecen en negrita en el texto anterior y haz una presentación, describiendo su trabajo. Recuerda usar el pasado.

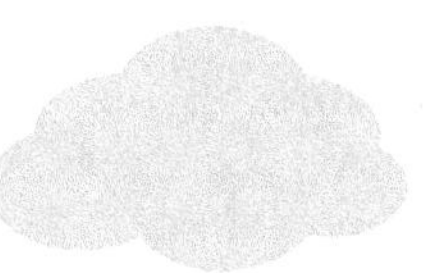

El Teniente Bello

El Teniente Bello (*ser*) _______________ el precursor de la aviación chilena. El 9 de marzo de 1914 (*iniciar*) _______________ un vuelo para renovar su permiso, pero después de unos minutos de salir, el radar (*perder*) _______________ contacto con su avión y hasta el día de hoy no se sabe exactamente qué (*pasar*) _______________ .

El gobierno y los chilenos (*intentar*) _______________ buscarlo, pero no (*tener*) _______________ éxito. El Teniente Bello simplemente (*desvanecerse*) _______________ en el aire junto con su avión.

Una de las teorías que los periódicos de la época (*mencionar*) _______________ es que (*ser*) _______________ una abducción de extraterrestres. El gobierno (*enviar*) _______________ muchos aviones para buscar al Teniente, pero estos aviones (*tener*) _______________ que regresar a la base debido a la poca visibilidad.

Esta historia (*dar*) _______________ origen a la frase: "estar más perdido que el Teniente Bello", pues nunca lo (*encontrar*) _______________ .

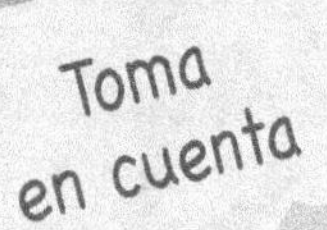

Toma en cuenta

En el relato del Teniente Bello, ¿quién es el sujeto de la última frase? ¿Quién o quienes no lo encontraron?

En español, cuando el sujeto es **Alguien (desconocido)**, el verbo lo conjugamos en tercera persona plural: **Al Teniente Bello nunca lo encontraron**.

Otros ejemplos:

- No me dijeron la verdad.
- No escucharon a Jenny.
- Cerraron la tienda.

Primer / Primero

Si después del pronombre **primero** o **tercero** va un nombre masculino, debes cambiar esos pronombres por los adjetivos **primer** o **tercer**, respectivamente.

Ejemplo:

- ¿Quién fue el primer chileno que conociste?

- El primero que conocí fue el taxista que me trajo desde el aeropuerto a la ciudad.

- El tercer país que voy a visitar en Sudamérica va a ser Brasil. El tercero va a ser Brasil.

Ejercicios:

Completa con **primer** o **primero**.

1. Mis padres me dijeron que el ________________ chileno en volar por los Andes fue Arturo Merino Benítez, pero me mintieron, porque ayer leí un libro de historia y el ________________ fue Dagoberto Godoy.

Completa con **tercer** o **tercero**.

2. Escuché que el ________________ viaje del Teniente Bello fue para visitar el norte, pero ayer me dijeron que el ________________ fue para visitar el sur.

3.1. ¿Qué pasó con el Teniente Bello? A continuación, escucharás tres teorías sobre lo que sucedió con el Teniente Bello ¿Cuál crees que es más creíble? ¿Por qué? Comenten en grupo. Audio 6

3.2. ¿Qué crees tú que pasó con el Teniente Bello? En grupos inventen una historia para explicar lo que pasó con este personaje. Luego compártanla con el curso y voten por la historia más creíble.

RECUERDEN usar frases como: *a mí me dijeron que... me contaron que... leí que...*

3.3. ¿Supiste lo que pasó con...?

Como revisamos, podemos inventar muchas historias sobre personas en el pasado, para explicar alguna situación. Ahora tendrás que inventar una historia sobre Marta de acuerdo con las siguientes imágenes y las frases que te damos. ¿Qué crees que pasó con ella? Tienes que ser creativo.

> **Rumores, chismes y cahuines**
>
> *Cuando contamos algo sobre alguien y no estamos seguros sobre la información, se llama* **rumor** *o* **chisme** *y podemos usar expresiones como:*
>
> *Me dijeron / contaron que... Supe que...Oí que...Escuché que...¿Supiste que?...¿Escuchaste que?*
>
> *En Chile, también podemos usar la palabra* **Cahuín***, que es una palabra mapuche que significa enredo o alboroto. Originalmente,* **cahuín** *era una reunión de los caciques o loncos, jefes mapuches en tiempo de guerra, donde se comentaban las situaciones actuales y las* **copuchas***; otro sinónimo usado en Chile.*

Toma en cuenta

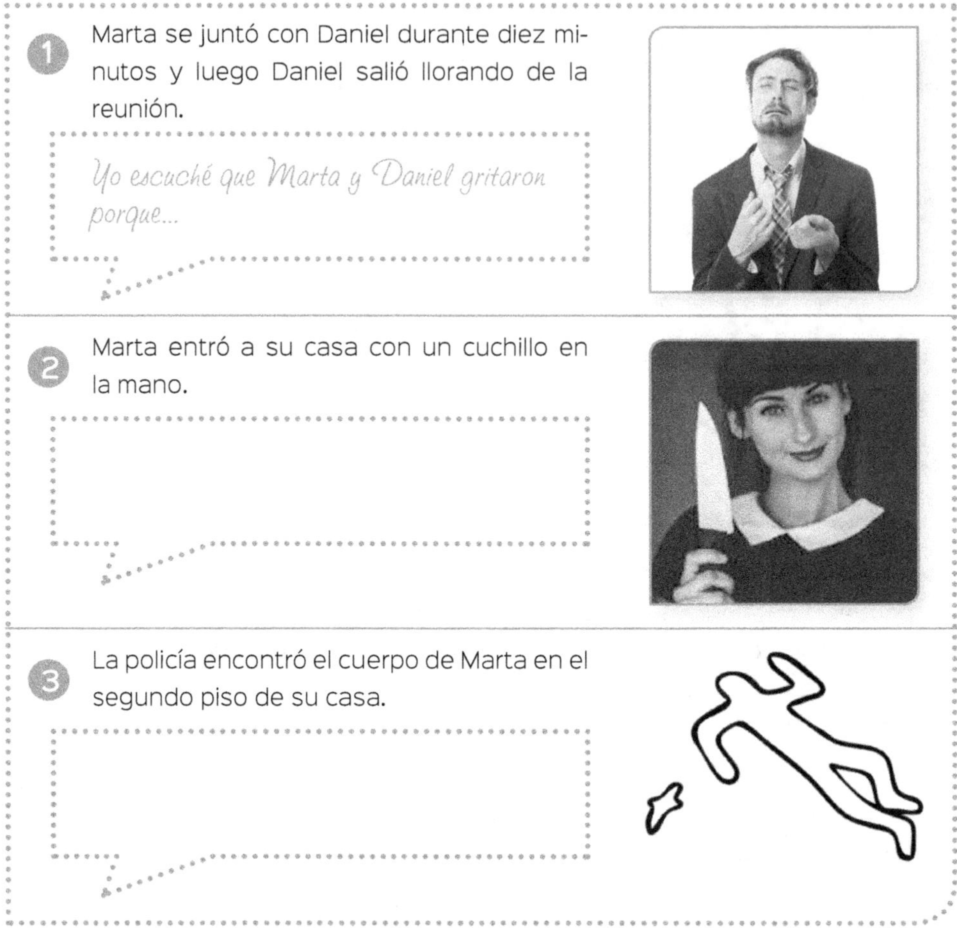

4 **MÁS CHILENOS FAMOSOS Y SUS HISTORIAS**

Vamos a seguir leyendo la historia de chilenos famosos. Ahora leeremos una entrevista a un personaje muy famoso en Chile: el Rey del Mote con Huesillo.

Entrevistador: ¿Cuándo empezó a trabajar vendiendo mote con huesillo?

RMH: Comencé el año 1990, la empresa donde trabajé por 10 años quebró, así que tuve que empezar de cero. Arrendé un carro, y como no era **mío**, lo cuidé muchísimo. Después de 3 años, con el dinero que junté y con el dinero que ahorró mi esposa, pudimos comprar un carro. El **nuestro** era más grande que el anterior y por esta razón decidimos llamarnos "El Rey del Mote con Huesillo".

Entrevistador: Y ahora, ¿con cuántas personas trabaja? ¿Cuántos carros son **suyos**?

RMH: En este momento yo trabajo con 10 personas, nuestro último empleado llegó el mes pasado, y luego de entrenarlo por 3 semanas, la semana pasada le dije: "este carro es **tuyo**, cuídalo y atiende muy bien a nuestros clientes".

Entrevistador: ¿Qué características tienen sus ingredientes comparados con los de la competencia?

RMH: Los **míos**, perdón, los **nuestros**, son los mejores ingredientes, el mejor mote, los huesillos más dulces, pero lo más importante es que en el proceso de preparación ponemos todo nuestro amor y cariño, pues los clientes son los más importantes. Los **nuestros** ya nos conocen y son clientes de toda la vida. Muchas veces vienen a comprarnos en familia y no necesitamos preguntarles: "¿cómo va a querer el **suyo**? ¿Con canela, dos huesillo, etc.?", pues ya lo sabemos, ya los conocemos. Por eso, invito a todos los que están leyendo esta entrevista a visitarnos y a probar esta deliciosa bebida, no se arrepentirán.

4.1. Los tuyos, los míos y los nuestros. Pronombres posesivos

Tú ya conoces los adjetivos posesivos:

PRONOMBRE	ADJETIVO POSESIVO	
	Singular	Plural
Yo	mi	mis
Tú	tu	tus
Él/Ella/Usted	su	sus
Nosotros/as	nuestro/nuestra	nuestros/nuestras
Vosotros/as	vuestro/vuestra	vuestros/vuestras
Ellos/Ellas/Ustedes	su	sus

Ejemplos:

- *Tu* auto es rojo.
- Esa es *mi* casa.
- *Nuestro* barrio es bonito.

Ahora veremos los **pronombres posesivos,** que se utilizan para indicar posesión, pertenencia o relación entre una identidad y una persona gramatical (**el auto rojo es tuyo, esa casa es mía, los departamentos son nuestros**). Hacen referencia a un sustantivo nombrado antes y deben concordar en género y número.

Ejemplos:

- *El mote con huesillo es* **mío.**
- *El* **mío** *tiene dos huesillos y el* **tuyo** *tiene tres huesillos.*

Puede usarse después del verbo *ser* o como sujeto de la frase, reemplaza al sujeto que se mencionó antes.

| PRONOMBRES PERSONALES | PRONOMBRES POSESIVOS | | | |
| | Masculino | | Femenino | |
	singular	plural	singular	plural
Yo	*mío*	*míos*	*mía*	*mías*
Tú	*tuyo*	*tuyos*	*tuya*	*tuyas*
Él/Ella/Usted	*suyo*	*suyos*	*suya*	*suyas*
Nosotros/as	*nuestro*	*nuestros*	*nuestra*	*nuestras*
Vosotros/as	*vuestro*	*vuestros*	*vuestra*	*vuestras*
Ellos/Ellas/Ustedes	*suyo*	*suyos*	*suya*	*suyas*

4.2. ¡Vamos a comer y tomar! En el texto que leímos anteriormente conocimos la historia del Rey del *mote con huesillo.* A continuación, vamos a conocer nombres de más comidas y bebidas típicas de Chile y vamos a practicar los pronombres posesivos. Transforma las frases según el ejemplo. Puedes averiguar más sobre alguna de ellas para comentar en la clase.

- Ejemplo: *Este es mi pisco sour.* ⟩ *Este pisco sour es mío.*

1. Esa es tu piscola. ⟩ ______________________________

2. Estos son los terremotos de Carlos y Cecilia. ⟩ ______________________________

3. Ese es el chilenito de María. 〉 _______________________

4. Esas son las tortas curicanas de Gabriel y Francisco. 〉 _______________________

5. Esta es la empanada de Jorge. 〉 _______________________

6. Esa es tu humita. 〉 _______________________

7. Ese es nuestro pastel de choclo. 〉 _______________________

8. Esa es su sopaipilla con pebre. 〉 _______________________

9. Estas son nuestras colas de mono. 〉 _______________________

4.3. Es hora de ser entrevistador. Ahora debes averiguar sobre otro Rey de alguna comida o bebida. Trabaja con un compañero y creen preguntas similares a las que aparecen en el ejercicio 4. Utilicen pronombres posesivos en las respuestas.

Ejemplo:

■ *¿Por qué cree que sus clientes son tan leales?*

◆ *Los **nuestros** son leales porque saben que la calidad es muy importante para nosotros.*

5 | TAREA FINAL: *PODCAST*

En las unidades anteriores has trabajado en la creación de un programa radial. En esta unidad vas a trabajar creando un podcast sobre un hecho o personaje histórico.

Durante esta unidad hemos visto diferentes historias de chilenos famosos y no tan famosos, que ahora tú ya conoces. Es por eso que para practicar con la tarea final, vamos a escuchar un podcast que recuerda un hecho importante en la historia de Chile, en una fecha en particular.

Antes de escuchar el podcast, lee las siguientes preguntas y luego de escucharlo dos veces, respóndelas. Audio 7

La masacre de la Escuela de Santa María de Iquique

1.   ¿Cuándo ocurrió este hecho histórico?

2.   ¿Quiénes protestaron e hicieron huelga? ¿Por qué?

3.   ¿Cuál fue la respuesta de las autoridades?

4.   ¿Cuáles fueron las consecuencias?

5.   Finalmente, crea una línea del tiempo con los hechos más importantes del audio.

¡Ahora tú!

Es hora de crear tu tarea final, recuerda que debes crear un podcast sobre un personaje famosos o un hecho histórico. Puedes usar el audio anterior como un ejemplo de podcast.

Recuerda utilizar las diferentes estructuras y palabras que aprendiste en esta unidad.

AUTOEVALUACIÓN

1.   Completa las siguientes oraciones, conjugando los verbos regulares en pretérito indefinido. (10 puntos)

    1.   Ayer, María (*comer*) _____________________ muchos platos típicos de Chile.

    2.   Ellos (*conocer*) _____________________ la historia del Rey del Mote con Huesillo el fin de semana pasado y (*hablar*) _____________________ con él durante 4 horas.

    3.   Nosotros (*visitar*) _____________________ un restaurante en el centro de Santiago.

    4.   Ustedes (*tomar*) _____________________ tragos típicos la semana pasada en la fiesta.

    5.   Jorge (*caminar*) _____________________ por los lugares turísticos en esa ciudad.

6. Tú (*comprar*) _____________________ el plato más caro en ese restaurante.

7. Ella (*ver*) _____________________ muchas películas chilenas cuando (*vivir*) _____________________ en el país el año pasado.

8. Yo (*llamar*) _____________________ a mis amigos para invitarlos a una fiesta.

2. Completa las siguientes oraciones conjugando los verbos irregulares en pretérito indefinido. (23 puntos)

1. Ellos (*seguir*) _____________________ viendo la película, aunque yo (*comenzar*) _____________________ a hablar.

2. Yo (*averiguar*) _____________________ la ubicación del restaurante, y luego con mis amigos (*conducir*) _____________________ hasta allí y (*divertirse*) _____________________ mucho.

3. "La historia de la década del 70 (*influir*) _____________________ en cómo son los chilenos hoy", (*decir*) _____________________ el historiador en el seminario de ayer.

4. El precio del salitre (*caer*) _____________________ en las décadas del 20 y del 30 y este hecho (*producir*) _____________________ una gran crisis en Chile.

5. Yo le (*explicar*) _____________________ a mi amigo el camino para llegar al museo, y él me (*oír*) _____________________ atentamente, así que no (*andar*) _____________________ tan perdido como el Teniente Bello.

6. El asunto (*convertirse*) _____________________ en un gran problema y (*traer*) _____________________ consecuencias muy graves a nuestro país.

7. Ella (*estar*) _____________________ en su casa durante todo el día ayer, e (*hacer*) _____________________ la investigación para la clase.

8. Nosotros ayer (*saber*) _____________________ que ella (*venir*) _____________________ a Chile a trabajar y no a estudiar.

9. Ella (*ser*) _____________________ la persona más famosa en su escuela, porque un día (*construir*) _____________________ una maqueta de su ciudad.

10. Ellos (*dar*) _______________ un paseo por el centro y (*poder*) _______________ ver las casas antiguas.

11. Nosotros (*tener*) _______________ que escribir un ensayo sobre la historia del país.

3. Transforma las siguientes frases con adjetivos posesivos a pronombres posesivos, según el ejemplo. (6 puntos)

Ejemplo:

- *Nuestros vinos son viejos.* ❭ *Los nuestros son viejos.*

1. Su (*de él*) aguardiente es antigua. ❭ _______________

2. Mis huesillos son deliciosos. ❭ _______________

3. Sus (*de ellos*) tortillas son grandes. ❭ _______________

4. Tu chicha es dulce. ❭ _______________

5. Su (*de ella*) pan de huevo está malo. ❭ _______________

6. Nuestro pie de limón está muy bueno. ❭ _______________

Calcula tu nota y ubica tu logro ¿dónde estás?						
Excelente 7 - 6,6	Muy bueno 6,5 - 6,0	Bueno 5,9 - 5,1	Regular 5,0 - 4,5	Malo 4,4 - 3,5	Muy malo 3,4 - 3	Pésimo 2,9 - 1
39-37 (pts.)	36-34 (pts.)	33-29 (pts.)	28-25 (pts.)	24-20 (pts.)	19-15 (pts.)	14-0 (pts.)

UNIDAD 6

"Nunca he sido un pintor genial, porque fui muy inteligente".

Salvador Dalí (1904-1989), pintor español

CONTENIDOS FUNCIONALES:

- Discriminar los pasados de indicativo
- Expresar causa

CONTENIDOS GRAMATICALES:

- Alternancia pasados de indicativo
- Conectores temporales
- Por y para

TAREA FINAL DE LA UNIDAD:

- Radioteatro

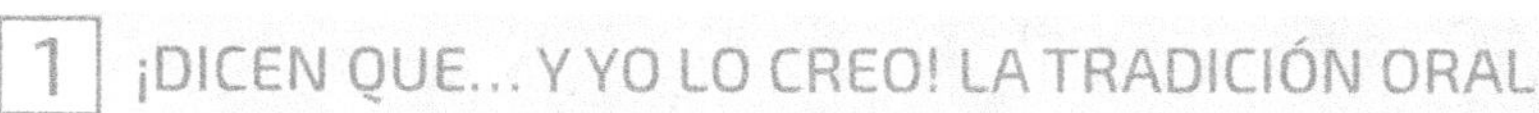

1 ¡DICEN QUE… Y YO LO CREO! LA TRADICIÓN ORAL

Lee el siguiente texto sobre la tradición oral y luego conversa sobre el tema.

Desde el comienzo de los tiempos, los seres humanos han transmitido sus conocimientos, sus experiencias de vida y sus visiones de mundo a nuevas generaciones. No solamente hablamos de datos, reglas o contenidos formales, también han traspasado visiones de mundo, valores, miedos y vivencias mediante cuentos, leyendas, canciones, refranes y mucho más que han ayudado a formar nuestra vida y nuestro mundo actual. Lo que tu bisabuela escuchó cuando era niña y luego se los contó a tu abuela y luego ella a ti, ha contribuido a formar lo que hoy somos; aquellos conocimientos transmitidos de *boca en boca*; aquello que vemos como parte de un pasado que vive en la memoria de los más viejos, sigue presente en nuestras culturas. ¡Y qué bello es mantenerlo y valorarlo!

Elige una de las opiniones a continuación para apoyar tus argumentos a favor o en contra sobre el tema.

a. Los cuentos y las leyendas ayudaron a darle una explicación a lo que las personas no entendían.

b. Toda la cultura oral forma parte de nuestras tradiciones, pero hoy en día no tiene mucha relevancia para las nuevas generaciones.

c. Aunque son interesantes, las creencias antiguas y las historias inventadas no ayudan a progresar y modernizarse.

d. Es necesario mantener viva la tradición oral. La sabiduría popular es muy importante y no es solo diversión.

¿Y qué pasa en tu país sobre el mismo tema? ¿Existe una valoración e intento por mantener esta herencia cultural?

1.1. ¡Quién no se sabe uno! Como parte de la tradición oral, existen muchos juegos o actividades destinadas a practicar el ingenio y la creatividad de las personas en un ambiente lúdico. Las adivinanzas y los trabalenguas son parte de estas actividades. ¡Vuelve a ser niño y *adivina buen adivinador!*

1.2. ¡Ahora tú! ¿Sabes alguna adivinanza? Dísela a tu profesor y compañeros. Si está en tu idioma, debes traducirla al español lo mejor posible para que tus compañeros la adivinen.

1.3. ¿Sabes lo que es un trabalenguas? ¡Existen muchos y en todos los idiomas! Prueba si puedes repetir el que tenemos a continuación.

> Cuando cuentes cuentos,
> cuenta cuántos cuentos cuentas,
> porque si no cuentas cuántos cuentos cuentas
> nunca sabrás cuántos cuentos cuentas tú.

1.4. ¡Para entretenerse! ¿Conoces otro trabalenguas en español? Si no, enséñale alguno en tu idioma a tus compañeros. ¡Veámos si lo pueden repetir!

2 YO APRENDO POR GUSTO Y PARA ENTRETENERME
USOS DE *POR* Y *PARA*

A. **Por:**

1. Expresa la causa.

   - Ejemplo: *Estoy asustado por la leyenda que escuché ayer.*

2. Expresa el lugar que hay que atravesar para llegar al destino.

   - Ejemplos: *Ella caminó por el bosque, y después llegó a la ciudad. / Cuando viajamos a Chile pasamos por Sao Paulo.* (lugar de paso, a través de)

3. Expresa un lugar aproximado.

   - Ejemplo: *Él vive por Estación Central. / La Vega queda por aquí.*

4. Expresa el precio de algo o el valor (trueque).

   - Ejemplo: *Cambié ese libro de historia por esta novela. / Compré esta comida por cinco mil pesos.*

5. Expresa partes del día.

   - Ejemplo: *Por la mañana visité la iglesia, y por la tarde regresé a mi casa.*

6. Expresa duración y tiempo aproximado.

   - Ejemplo: *Marta ha trabajado ahí por 30 años. / Siempre llegué a casa por las nueve de la noche.*

7. Expresa la manera de hacer algo (medio o modo).

   - Ejemplo: *Esta historia me llegó por correo electrónico.*

B. **Para:**

1. Expresa la finalidad.

   - Ejemplo: *Un mito es una narración para explicar hechos de una cultura.*

2. Expresa la dirección o destino de algo o alguien.

   - Ejemplo: *Todos los fines de semana viajo para la playa.* (se puede reemplazar por *a.*)

3. Expresa el destinatario de algo.

   - Ejemplo: *Este libro de cuentos chilenos es para mi hermana.*

4. Expresa el fin de un plazo en el futuro.

   - Ejemplo: *Esta presentación oral es para mañana.*

5. Expresa la opinión de una persona.

   - Ejemplo: *Para mí, esta historia es real, pero para María es falsa.*

2.1. Ejercicios para practicar. Completa el espacio en blanco con *por* o *para*, y luego explica su uso, según las reglas.

1. Ella viajó _________ Chiloé, pero antes pasó _________ Puerto Montt, allí compró varios regalos _________ sus amigos _________ diez mil pesos.

2. Ayer _________ la tarde hicimos una fiesta y mi tío nos contó muchas historias de terror. Estuvo contando historias _________ más de tres horas. Y cuando yo me fui a dormir, no pude cerrar los ojos, _________ el miedo que tenía.

3. La semana pasada cambié un libro de historia _________ uno de costumbres chilenas con un amigo. _________ mí, es muy entretenido conocer costumbres de lugares diferentes _________ poder entender a las personas locales.

4. La semana pasada envié un mensaje _________ redes sociales a mis amigos _________ juntarnos _________ el centro y probar diferentes comidas típicas de este país. Nuestro objetivo es comer 5 comidas nuevas _________ el próximo fin de semana.

5. _________ Jorge, las leyendas son muy importantes _________ mantener las tradiciones de un país, _________ eso a él le gusta escuchar a sus abuelos y tíos y

escribir las leyendas que ellos le cuentan. Además, él tiene que presentar este trabajo sobre el tema _________ la próxima semana en su escuela.

2.2 ¡Hora de las leyendas! Completa las siguientes leyendas con *por* o *para*.

La Quintrala

Tenía el pelo rojo como el quintral, _________ eso la llamaban la Quintrala. Su nombre era doña Catalina de los Ríos y Lisperguer. Era Hermosa y caprichosa. Su hacienda estaba _________ La Ligua. Muchas personas decían que tenía pactos con el diablo, y _________ eso le tenían mucho miedo.

_________ muchas personas que vivían en la zona, ella era una mujer que castigaba y torturaba a los hombres porque los odiaba y _________ enseñarles a otros hombres que debían respetarla.

Después de un tiempo, fue acusada _________ sus crímenes y la enviaron _________ Santiago, _________ realizar el juicio, pero la gente dice que, gracias a los pactos con el diablo, logró cambiar las fechas de los juicios _________ varios meses después.

Hoy en día, _________ algunos ella era solo una mujer que tenía mucho poder y que _________ esa razón, muchas personas creían que tenía pactos con el diablo. _________ otros, ella hizo mucho daño _________ tener una vida muy triste cuando era niña. Lo cierto es que nunca vamos a saber la verdad, pero lo interesante es que hoy ella es un personaje famoso en Chile _________ sus maltratos a los hombres.

2.3. ¡Hora de la entrevista! En parejas imaginen que tienen la posibilidad de entrevistar a la Quintrala, para esto creen preguntas y posibles respuestas, recuerden usar *por* y *para*, luego presenten la entrevista a la clase.

Ejemplos:

* *¿Por qué hizo eso...? / ¿Cómo fue su vida cuando era niña?*

2.4. ¿Y qué me cuentas tú? ¿Conoces sobre la vida de algún personaje histórico en tu país u otro que tenga las características de haber vivido realmente, pero sobre el cual exista misterio o diferentes versiones sobre su vida? Prepárate para contar su historia al profesor y/o a la clase. Recuerda poner atención al uso de las preposiciones *por* y *para*. ¡Trata de incluirlas en tu historia!

Ejemplo:

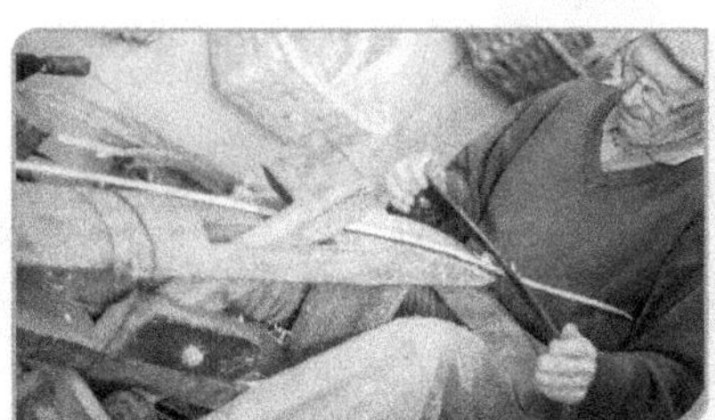

- *Dicen que este personaje vivió **por** 50 años en el mismo pueblo y hacía juguetes **para** los niños. **Para** mucha gente él era un ángel.*

3 | ROMUALDITO

En la calle San Borja, a un costado de la Estación Central, se puede ver a lo largo de un muro una animita muy grande, repleta de velas que constantemente están encendidas y con muchas placas puestas por felices fieles, dando las gracias por milagros concedidos. Esta es la famosa animita de Romualdito. Está ahí desde 1930.

Debido al tiempo transcurrido no se sabe muy bien cuál es la verdadera historia ni quién es Romualdito. A continuación, te presentamos diferentes teorías.

1. Un primer mito dice que **era** un paciente de tuberculosis, una enfermedad muy común en esa época, que **salía** del Hospital Barros Luco, aún convaleciente, cuando unos maleantes lo **asaltaron** para quitarle el poncho que lo abrigaba y 15 pesos (5 pesos según otros).

2. Otro propone que **fue** un niño al que vagabundos violaron y **mataron** en esa calle.

3. De acuerdo con otra versión, **era** un huaso (campesino) que vino al hospital de la capital y que unos delincuentes **confundieron** con un hombre adinerado y lo **mataron** al darse cuenta que no **tenía** dinero. (Esta es la

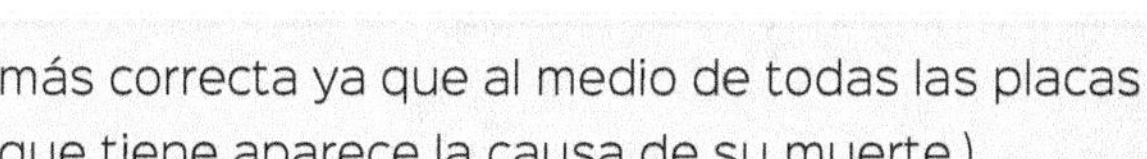

más correcta ya que al medio de todas las placas que tiene aparece la causa de su muerte.)

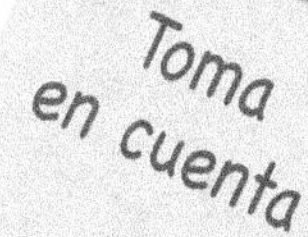

4 Otras personas cuentan que Romualdito **era** un joven deficiente mental que **hacía** trabajos para los vecinos y que unos maleantes lo **asesinaron** a golpes y cuchilladas para robarle.

5 Finalmente, algunos sostienen que **fue** un delincuente abatido por la policía y que, tal como en el caso de Emilio Dubois, **ayudaba** a la gente que lo necesitaba.

Adaptado de https://es.wikipedia.org/wiki/Animita_de_Romualdito

Una **animita** es una especie de altar que se instala en el lugar en que una persona muere producto de un accidente o asesinato, porque se piensa que su alma sigue ahí.

Cada milagro que hace la persona muerta, se agradece con una placa. Ejemplo de estas animitas son: Difunta Correa, Romualdito, etc.

Toma en cuenta

3.1. Comprensión de lectura. Responde las preguntas con la información del texto.

1. ¿Dónde está la animita de Romualdito?

2. ¿De qué año data esta animita?

3. ¿Es una animita milagrosa?

4. ¿Por qué hay muchos mitos sobre el origen de la animita?

5. ¿Qué teorías hay sobre quién es Romualdito y cómo murió?

3.2. Relee el texto sobre Romualdito y fíjate bien en las palabras destacadas en negrita. Se trata de los tiempos *indefinido* e *imperfecto*. Recuerda para qué sirve cada uno.

Asocia las siguientes características al tiempo que corresponde.

*   Narrar o contar acciones únicas
*   Describir una situación en relación con otros hechos pasados
*   Hablar de una actividad habitual en el pasado
*   Narrar acciones que ocurrieron en un momento determinado, cuyo final está cerrado.
*   Para marcar la interrupción de una acción en el pasado
*   Para indicar acciones que son interrumpidas por otras.

EL PRETÉRITO INDEFINIDO	EL PRETÉRITO IMPERFECTO

3.3. De acuerdo con los cuadros que llenaste arriba, completa ahora las siguientes oraciones con los verbos en *indefinido* o *imperfecto* según el contexto.

1. Ya que Isabel no sabe alemán, Ana (*traducir*) _____________________ la carta que le escribió Inge. Ana siempre (*traducir*) _____________________ del alemán al español cuando estaba en la escuela.

2. Ya que (*ella/conducir*) _____________________ en estado de ebriedad, los carabineros le sacaron un parte. Ella alegó que era la primera vez que (*ella/conducir*) _____________________ y (*ella/asegurar*) _____________________ que no lo hará otra vez.

3. Recién ayer los estudiantes (*saber*) _____________________ que tenían una prueba hoy. Por lo mismo, (*ellos/estar*) _____________________ muy angustiados, porque no (*saber*) _____________________ nada.

4.
■ ¿Qué (*tú/traer*) _____________________ para la comida hoy?

◆ (*yo/traer*) _____________________ un vino que (*el vino/tener*) _____________________ una promoción de 2 x 1.

5.
■ ¿Por qué los maestros no (*hacer*) _____________________ el trabajo en el baño?

◆ Porque (*ellos/decir*) _____________________ que no (*tener*) _____________________ tiempo.

3.4. ¡Practica un poco! Pregúntale a tu compañero/a de asiento qué es lo más raro que le ha sucedido en su viaje por América Latina. Toma nota de las acciones y de las descripciones de esas acciones o de las personas o lugares de los que habla. Luego, cuenta a la clase la historia de tu compañero/a.

Ejemplo:

ACCIONES	>	DESCRIPCIONES
Una vez me subí a una micro.	>	La micro estaba llena de gente.
Se subió un hombre con un sopapo.	>	El sopapo era de esos para destapar WC.
Puso el sopapo pegado en el techo de la micro.	>	El sopapo estaba pegado mientras él relataba las noticias de la semana.

4 CONTRASTE INDEFINIDO Y PERFECTO

Asocia las siguientes características al tiempo que corresponde.

- Narrar o contar acciones únicas
- Para indicar una relación entre el pasado y el presente
- Narrar acciones que ocurrieron en un momento determinado, cuyo final está cerrado.
- Para marcar la interrupción de una acción en el pasado
- Para indicar una acción que se ha desarrollado desde un punto en el pasado hasta el momento actual.

EL PRETÉRITO INDEFINIDO	EL PRETÉRITO IMPERFECTO

4.1. De acuerdo con los cuadros que completaste arriba, completa ahora las siguientes oraciones con la forma correcta de los verbos y de los participios irregulares cuando corresponda:

a. Ayer el gasfiter (*tener*) _______________________ que picar la pared para encontrar la filtración de la tina. Es que (*nosotros/tener*) _______________________ muchos problemas con el agua este último tiempo.

b.

- Disculpa, no (*yo/querer*) _______________________ interrumpirte con mis preguntas.

- No te preocupes, no (*yo/hacer*) _______________________ nada importante durante todo este rato.

c.

- Perdóname Ana María, (*yo/tener*) _______________________ que sacarte un billete de $5.000 sin pedirte permiso.

- ¡Qué! (*yo/buscar*) _______________________ ese billete toda la mañana. ¡Cómo se te ocurre robarme!

d. Ayer Sebastián (*venir*) _______________________ de Uruguay y (*traer*) _______________________ un mate y hierba. Nunca (*yo/probar*) _______________________ el mate, así que estoy expectante.

e.   Anteayer Marta (*irse*) _____________________ a vivir a China, siempre (*querer*)

_____________________ vivir allá. ¡Qué bueno que se fue!

4.2. ¿Qué cosas nuevas has hecho desde que saliste de viaje? ¿Has probado nuevas comidas? ¿Has visitado nuevos lugares? ¿Has conocido nuevas personas? Cuéntale a tu compañero y toma nota.

Ejemplo:

•   *He tomado mote con huesillos cada vez que ha hecho mucho calor.*

4.3. Fíjate en los siguientes marcadores temporales.

INDEFINIDO	IMPERFECTO	PERFECTO
Ayer	Usualmente	Últimamente
Hace 3 días	Casi nunca	Desde la mañana
La semana pasada	Siempre	Siempre
Anteayer	Habitualmente...	Nunca
Durante		Recientemente
En		Este tiempo
Varias veces		En el transcurso del tiempo...
Ese / Aquel tiempo		
Una vez...		

Ahora completa de acuerdo con los marcadores temporales presentes.

1.   Durante mucho tiempo, la gente (*creer*) _____________________ que Romuladito (*ser*) _____________________ un niño, pero la verdad es que (*ser*) _____________________ un mecánico que hace muchos años (*morir*) _____________________ asesinado en la misma calle donde ahora está su animita.

2.   Deolinda Antonia Correa (*ser*) _____________________ más conocida como la Difunta Correa. En la segunda mitad del siglo XIX. Deolinda (*morir*) _____________________ atravesando la frontera de Argentina, para radicarse en Chile. Deolinda (*ir*) _____________________ tras su esposo hasta que ago-

tada y sin provisiones murió de sed en el desierto, pero su bebé (*sobrevivir*) _______________________.

3. La historia de Deolinda (*difundirse*) _______________________ y (*conmover*) _______________________ a los habitantes de la provincia de San Juan, Argentina. La triste historia de esta mujer (*expandirse*) _______________________ a Chile, donde sus animitas (*caracterizarse*) _______________________ a lo largo del tiempo, por la acumulación de botellas de agua que los devotos dejan en señal de ofrenda.

4. Emile Dubois (*ser*) _______________________ un inmigrante francés que (*vivir*) _______________________ en Valparaíso a principios del siglo XX. Varias veces Dubois (*ser*) _______________________ acusado de asesinar a acaudalados comerciantes. Una vez que (*ser*) _______________________ detenido, y aunque Dubois (*soler*) _______________________ declararse inocente, (*ser*) _______________________ sentenciado a muerte.

5. Antes de morir (*Dubois/pedir*) _______________________ no ser vendado frente al pelotón de fusilamiento. Su actitud ante la muerte (*provocar*) _______________________ el desconcierto de la opinión pública. Desde que lo enterraron, la tumba de Dubois (*recibir*) _______________________ peticiones y agradecimientos de la gente en Valparaíso.

Adaptado de http://www.memoriachilena.gob.cl/

5 ¿CUÁL FUE LA VERDAD?

Para practicar el uso de todos los tiempos revisados, elige una de las teorías que se presentan en el texto de Romualdito y piensa en más antecedentes que puedas agregarle. Luego escribe en base a esa teoría la historia de Romualdito. ¡Deja correr tu imaginación!

> *Les voy a contar cuál fue verdaderamente, la historia de Romualdito.*
> *Un día...*

Toma en cuenta

Para dar características a una acción, usamos los adverbios. Muchas veces, los construimos con la forma femenina de un adjetivo más la terminación **-mente**.

Ejemplo:

- **Esta persona viajó rápidamente. / Todos conversaron animadamente.**

5.1. ¡Esta sí es la verdadera historia! En el año 2009, luego de una larga investigación, el grupo de investigación de hechos históricos de la Policía de Investigaciones de Chile (PDI) descubrió quién era realmente Romualdito y cómo murió. Escucha el audio que se presenta a continuación y descubre la verdadera historia. Toma nota. Audio 8

5.2. Luego de escuchar el audio, conversa con tus compañeros. ¿Cuál historia de Romualdito es más interesante, la verdadera o la inventada por ti?

5.3. Investiga sobre otra animita de Chile y presenta su historia a la clase.

6 | CONECTORES TEMPORALES CON MODO INDICATIVO E INFINITIVO

Cuando contamos una historia, usamos términos como "primero", "después", "mientras", "entonces", "por último", "finalmente", entre otros. Estos elementos del idioma se llaman **conectores temporales** y nos permiten unir distintas partes de una oración o de un texto que están relacionadas en el tiempo.

Veamos algunos ejemplos:

- *Ayer tuve un día difícil. **Primero**, mi despertador no sonó y me levanté muy tarde para ir a mi clase. **Después**, quería tomar café, pero el tarro estaba vacío. Me fui a la ducha, pero, cuando me estaba bañando, el gas se terminó y me tuve que duchar con agua fría. **Luego**, fui a tomar el metro, pero había mucha gente y no pude subir. Estuve 20 minutos en la estación. **Finalmente**, llegué a la universidad, entré a mi clase y me di cuenta de que no tenía mi mochila. La olvidé en casa o en el metro.*

6.1. En Chile, en la Región de la Araucanía, existe una famosa leyenda llamada "La anciana dueña de la montaña". Búscala en Internet y léela para luego ordenar las ideas a continuación.

- El hombre vio a una anciana que bailaba en el bosque.
- El hombre llevó a sus hijos de vuelta a casa y los regañó.
- La anciana invitó al hombre y su familia a vivir en su casa.
- El hombre estaba en la montaña y buscaba a sus animales.
- El hombre regresó a vivir con la anciana.
- La anciana se enojó y destruyó todo.

¿Cuál es el orden correcto de los hechos? Usa los siguientes conectores temporales: "primero", "después", "luego", "más tarde" y "por último" para ordenar las ideas. Puedes usar algunos conectores más de una vez.

6.2. Observa el recuadro y los ejemplos. Con los conectores temporales "cuando", "mientras", "antes de" y "después de" podemos unir ideas relacionadas en el tiempo y combinar distintos tiempos del pasado.

Cuando	• *Cuando voy al mercado, **compro** muchas frutas.*
	• *Cuando fui al cine, **me encontré** con Gabriel.*
Mientras	• *Mientras mis amigos **preparan** el asado, yo **hago** las ensaladas.*
	• *Mientras mis amigos **estaban durmiendo**, yo **estaba estudiando**.*
	• *Mientras mi polola **estaba** en clases, yo **fui** al supermercado.*
	• *Mientras él **fue** al doctor, yo **fui** a la feria.*
Antes de	• *Antes de salir de casa, siempre **apago** las luces.*
	• *Antes de salir de casa, **tomé** un café.*
Después de	• *Después de salir de casa, siempre **cierro** la puerta con llaves.*
	• *Después de salir de casa, **fui** a comprar el periódico.*

6.3. Completa la leyenda chilena del Make-Make usando el conector adecuado.

Cuando (x2) - Después de (x2) - Mientras - Antes de

La leyenda de Make-Make

Cuenta la leyenda que, _____________________ crear el mundo, el Make-Make sintió que algo faltaba. Entonces tomó un zapallo que contenía agua y, con sorpresa, se dio cuenta de que _____________________ miraba en el agua, veía su rostro reflejado. Make-Make saludó a su propia imagen y notó que en ella había un pico, alas y plumas. _____________________ observaba su reflejo, un pájaro se posaba sobre su hombro. Make-Make unió su reflejo y el reflejo del pájaro para crear a su primogénito.

_____________________ crear los peces, el Make-Make preparó las aguas del mar. Pero el resultado no era el que esperaba. Luego, fecundó una piedra en la que había tierra colorada, y de ella apareció el hombre. Make-Make se sintió contento,

pero _________________ vio que el hombre estaba solo, pensó que todavía faltaba algo. Entonces, _________________ crear al hombre, creó también a la mujer. Make-Make no olvidó su imagen de pájaro y llevó a las aves hasta los motu o islotes frente a Rano Kau para celebrar el culto de Tangata Manu, el hombre-pájaro.

6.4. ¡Ahora tú! ¿Has escuchado alguna otra leyenda relacionada con la formación del mundo? Si no, averigua una y cuéntala a la clase usando los conectores temporales.

7 TAREA FINAL: EL RADIOTEATRO

En esta unidad hemos estado contando historias. Aprovechemos eso para continuar con el programa radial que hemos estado creando al final de cada unidad. Los invitamos a crear un *radioteatro*. Vamos a recordar brevemente de qué se trata.

El radioteatro consiste en contar historias, incluyendo efectos sonoros y música. A diferencia de las novelas que se emiten por televisión, en este caso el público debe imaginarse los sucesos ya que, obviamente, la radio no cuenta con imágenes.

En la primera mitad del siglo XX, los radioteatros estaban entre las alternativas de ocio más populares en todo el mundo. Sin embargo, la invención de la TV le hizo perder espacio y, poco a poco, los radioteatros comenzaron a desaparecer.

Uno de los radioteatros más famosos de la historia se emitió el 30 de octubre de 1938, cuando el norteamericano Orson Welles adaptó la novela "La guerra de los mundos" de H.G. Wells. Pese a que en el comienzo se aclaraba que se trataba de una obra de ficción, muchos oyentes que sintonizaron la radio con la emisión ya empezada, pensaron que, efectivamente, la Tierra estaba siendo atacada por extraterrestres. De este modo, se produjo una alteración popular y los servicios de emergencia colapsaron ante los llamados de la gente.

En Chile, uno de los radioteatros más populares fue "El siniestro Doctor Mortis" que se mantuvo desde los años 40 hasta los 80.

Texto adaptado con fines pedagógicos de Definicion.de

7.1. Antes de comenzar, investiga más sobre los radioteatros o también llamados radionovelas. ¿Hubo radioteatros famosos en tu país?, ¿hay alguno que se desarrolle en la actualidad? Consulta a los chilenos que conozcas sobre el tema. Comenta lo que averiguaste y comparte tus opiniones.

7.2. ¡Vamos a crear! Ahora estás listo para empezar. Organízate con tus compañeros y la ayuda de tu profesor, para crear su propio radioteatro. Según la cantidad de estudiantes, dividan la clase y realicen las actividades siguientes.

1. Organícense para elegir la historia que van a presentar. Esta puede ser:

   a. Una leyenda o historia chilena que no se haya presentado en esta unidad.

   b. Una leyenda o historia creada por ustedes mismos.

2. Creen el texto de su radioteatro. El profesor los ayudará a corregir.

3. Prepárense para presentar su radioteatro:

   a. Los sonidos ambientales que necesitarán reproducir

   b. Si tendrán narrador, quiénes serán los personajes, etc.

4. Todos juntos con la ayuda del profesor, organizarán la sala de modo que los auditores solo puedan escuchar. Es posible también grabar el radioteatro y poner el audio en la clase. Todo esto será decidido previamente en conjunto con el profesor.

¡Esperamos que sea muy divertido y provechoso para la práctica oral!

AUTOEVALUACIÓN

1. Completa los espacios en blanco con *por* o *para*. (17 puntos)

   1. _________ la lluvia, no pude llegar temprano a clases.

   2. Jaime fue _________ el libro a la biblioteca, porque tiene que estudiar mucho _________ la noche _________ el examen de mañana.

   3. Envié el paquete _________ bus, pero creo que debí enviarlo _________ avión.

   4. La auxiliar de vuelo pasó _________ aquí, pero no me dio nada _________ comer.

5. Tienes que recordar que debes tener la tarea lista _________ entregarla el lunes.

6. Cuando salgo _________ la noche, siempre voy a un bar _________ tomarme una cerveza.

7. Compré estos zapatos _________ quince mil pesos.

8. Te doy mi postre _________ tu porción de ensalada.

9. Caminaron _________ la iglesia desde sus casas.

10. _________ él, esa historia es falsa.

11. Tengo este regalo _________ el profesor, _________ su cumpleaños.

2. Completa las oraciones, incorporando las causas, las consecuencias o ambas, con el tiempo correcto: *pretérito indefinido*, *imperfecto* o *perfecto*. (14 puntos)

Ejemplos:

- *Luisa no pudo viajar porque se enfermó.*
- *Mis amigos compraron muchas frutas ya que estaban muy baratas.*
- *Mi hermana se resfrió el fin de semana, por eso no se ha sentido muy bien.*

1. La directora citó a reunión ya que ayer en la tarde (*llegar*) _____________ una información muy importante.

2. No pude ir a clases el lunes porque unos amigos (*llegar*) _____________ de improviso a la casa.

3. Hoy en la mañana fui al doctor porque (*yo/sentirse*) _____________ sin energía todos estos días.

4. Compramos pasajes anticipadamente debido a que siempre (*ser*) _____________ difícil encontrarlos en épocas de vacaciones.

5. No he ido al parque estos días porque (*hacer*) _____________ mucho frío esta semana.

6. Elegimos ese vestido porque (*ser*) _____________ el más lindo de todos.

7. Mi hermano (*tener*) _____________ una linda noticia que darme, por eso me (*llamar*) _____________ ayer.

8. Ustedes (*comer*) _____________ mucha comida chatarra anoche, por eso no (*poder*) _____________ dormir bien.

9. En su adolescencia, Sara siempre (*escuchar*) _____________ la misma canción porque le (*recordar*) _____________ a su abuelita.

10. Estoy segura de que no me (*tú/olvidar*) _____________, porque nunca (*volver*) _____________ a tener novia.

3. Completa la historia de Carmen con los tiempos *indefinido*, *imperfecto* o *perfecto*, según corresponda. (20 puntos)

Toda mi vida incluso hoy, (*querer*) _____________ mucho a mi abuelita, el otro día (*encontrar*) _____________ una fotografía muy antigua de ambas y (*recordar*) _____________ que cuando yo (*ser*) _____________ niña siempre la (*visitar*) _____________ durante los veranos. (*ser*) _____________ muy divertido estar con ella y las dos siempre (*tener*) _____________ la misma rutina. Primero (*alimentar*) _____________ a las gallinas, después (*ir*) _____________ a la huerta a buscar verduras para cocinar y más tarde, yo (*poner*) _____________ la mesa.

Una vez, mientras (*nosotros/estar*) _____________ en la cocina, (*llegar*) _____________ un vecino y le (*preguntar*) _____________ a mi abuelita si ella (*vender*) _____________ huevos porque él (*querer*) _____________ comprarle. Mi abuelita lo (*pensar*) _____________ un rato y luego le (*decir*) _____________ que (*poder*) _____________ venderle algunos. (*ser*) _____________ muy entretenido para mí ayudarla a recolectarlos. Ahora que estoy grande, nunca (*olvidar*) _____________ todas esas experiencias.

Calcula tu nota y ubica tu logro ¿dónde estás?

Excelente	Muy bueno	Bueno	Regular	Malo	Muy malo	Pésimo
7 - 6,6	6,5 - 6,0	5,9 - 5,1	5,0 - 4,5	4,4 - 3,5	3,4 - 3	2,9 - 1
51-48 (pts.)	47-44 (pts.)	43-38 (pts.)	37-33 (pts.)	32-25 (pts.)	24-19 (pts.)	18-0 (pts.)

UNIDAD 7

Acuéstate, levántate. Apágalo, enciéndelo.
No puedo seguir así…

Gustavo Cerati (Soda Stereo)

CONTENIDOS FUNCIONALES:

- Expresar mandato, peticiones
- Sugerir, recomendar, aconsejar
- Dar instrucciones

CONTENIDOS GRAMATICALES:

- Modo imperativo: afirmativo y negativo
- Colocación de pronombres objeto directo e indirecto en imperativos
- Estructuras para recomendar y desear

TAREA FINAL DE LA UNIDAD:

- Consultorio sentimental

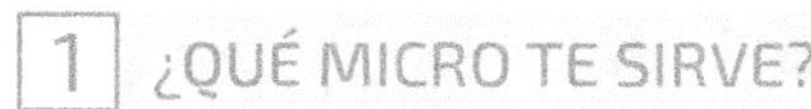

1 ¿QUÉ MICRO TE SIRVE?

¿Has intentado tomar la micro en Santiago o en alguna otra ciudad chilena? Teresa ha llegado hace poco tiempo a Santiago y necesita ir a la Plaza Ñuñoa, pero no entiende muy bien el sistema de transporte. Lee el diálogo y presta atención a los verbos en negrita.

Teresa: Mateo, ¿puedo pedirte algo?

Mateo: Claro que sí, **dime**.

Teresa: **Ayúdame** por favor. Tengo que ir a Plaza Ñuñoa y no sé si ir en metro o en micro. Me dijeron que ir en micro es más interesante, ¿sabes qué micro me sirve?

Mateo: Mmm, no sé cómo funcionan las micros. **Anda** en metro mejor, es más fácil. Desde la estación Baquedano, **toma** la línea 5 hasta Irarrázaval, después **haz** el trasbordo a la línea 3. **Fíjate** bien, tienes que ir hacia Fernando Castillo Velasco. **Bájate** en Chile-España, son solo tres estaciones más.

Teresa: Sí, parece más fácil, pero no voy a poder ver nada de la ciudad. Prefiero ir en micro.

Mateo: **Mira, usa** la app de *Google Maps*, creo que si buscas el destino, te da varias opciones para llegar. Aunque Andrés me ha dicho que es mejor una app que se llama *Moovit*. **Busca** esa mejor, porque creo que te avisa cuándo viene la micro y también cuándo tienes que bajarte.

Teresa: ¡Qué buena idea! ¡**Llama** a Andrés!, así me explica cómo se usa. Pero **llámalo** ahora.

Mateo: Ok, yo lo llamo, pero **invítame**, yo también quiero ir.

Teresa: ¡Claro que sí! **Ven** conmigo, lo pasaremos súper.

1.1. ¿Cómo te mueves en tu ciudad? Conversa con tus compañeros sobre el transporte público en tu ciudad: cómo funciona, qué tipos de transportes hay, cuál te parece mejor, etc. Compara con tu experiencia en Chile.

2 | IMPERATIVOS. VERBOS REGULARES

Los verbos que están marcados en negrita en la actividad 1, son una nueva forma verbal: el **Modo Imperativo**, tiene una forma afirmativa y otra negativa. Primero vamos a estudiar la forma afirmativa y, si ya conoces bien el Presente del Indicativo, ya verás qué fácil es conjugar los verbos.

PRESENTE DE INDICATIVO		Imperativo -*AR* HABLAR
Tú habla**s**	❭ -s	habla
Ud. habl**a**	❭ e	hable
Nosotros habl**a**mos	❭ e	hablemos
Uds. habl**a**n	❭ e	hablen
PRESENTE DE INDICATIVO		Imperativo -*ER* COMER
Tú come**s**	❭ -s	come
Ud. com**e**	❭ a	coma
Nosotros com**e**mos	❭ a	comamos
Uds. com**e**n	❭ a	coman
PRESENTE DE INDICATIVO		Imperativo -*IR* VIVIR
Tú vive**s**	❭ -s	vive
Ud. viv**e**	❭ a	viva
Nosotros viv**i**mos	❭ a	vivamos
Uds. viv**e**n	❭ a	vivan

Toma en cuenta

Como ya sabes, la forma **vosotros** no se utiliza en el español de América, pero si tienes curiosidad, aquí puedes ver cómo se conjuga. En imperativo la forma **vosotros** siempre es regular en todos los verbos.

2.1. Practiquemos. Transforma los verbos entre paréntesis al *Modo Imperativo.*

Ejemplo:

- *Habla* (hablar/tú) *más lento, por favor.*

1. ______________________ (*comer/nosotros*) una pizza?

2. Para ir a la Plaza Italia ______________________ (*tomar/ustedes*) la micro 210.

3. ______________________ (*leer/tú*) bien las instrucciones antes de responder.

4. Si tienes sed, ______________________ (*sacar/tú*) agua fría del refrigerador.

5. ______________________ (*vivir/usted*) bien, ______________________ (*beber/usted*) una copa de vino cada día.

6. ______________________ (*correr/nosotros*), si no, vamos a llegar tarde.

7. Primero, ______________________ (*cortar/tú*) los tomates y, después, ______________________ (*lavar/tú*) la lechuga.

8. ______________________ (*mirar/usted*) a ambos lados antes de cruzar.

9. ______________________ (*reciclar/ustedes*) las botellas de plástico y las de vidrio.

10. Tomás, ______________________ (*compartir/tú*) las galletas con tu hermano.

2.2. En español, el *Modo Imperativo* tiene muchos usos. Vuelve a leer el texto de la actividad 1 y busca ejemplos para cada uso, ¿están todos en el texto?

- Dar órdenes:

- Pedir:

- Dar instrucciones:

- Dar consejos o recomendaciones:

- Ofrecer, invitar:

- Pedir o conceder permiso, solicitar:

- Llamar la atención:

2.3. Ahora, en grupos, busquen en un plano de la ciudad un destino de interés y elaboren las instrucciones para llegar hasta allí.

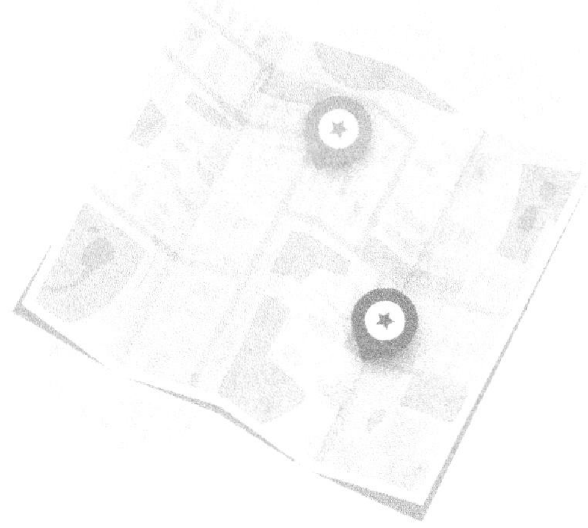

Toma en cuenta

Cuando usamos el Modo Imperativo, es muy importante la forma en que decimos los mensajes y la contextualización. Es decir, la entonación y una explicación pueden cambiar totalmente el sentido de lo que quieres decir.

2.4. ¡Cuidado con el tono! Escucha y lee estos diálogos y comenta con tus compañeros las diferencias de entonación, justificaciones y otras estrategias para cambiar el sentido del mensaje. Audio 9

1. En la casa:

- Madre: ¡Cristina, deja de jugar y haz las tareas!
- Cristina: Sí, sí, mamá. Espérame un poquito...

2. En una clase de español:

- **Alumna:** Profe, no entiendo la tarea. Explíqueme una vez más, por favor.
- **Profesor:** Por supuesto, ningún problema. Ven, Ven, acércate. Mira, lee bien las instrucciones. Busca la oración que tiene algún error y corrígela.

3. En una heladería

- **Cliente:** ¡Hola! No sé qué helado comer. ¿Puedo probar algunos sabores?
- **Vendedora:** ¡Pero claro!, pídame nomás.
- **Cliente:** Recomiéndeme usted mejor, usted debe ser experta.
- **Vendedora:** Ok. Mire, pruebe el de chocolate suizo, el de lúcuma-manjar y el de avellanas. Tome, pruebe, pruebe.

3 | IMPERATIVO. VERBOS IRREGULARES

Los verbos que en Presente del Indicativo cambian una vocal en la raíz, tienen la misma irregularidad en imperativo. Observa:

IRREGULARES EN UNA VOCAL: *E ❭ IE, O ❭ UE, E ❭ I, I ❭ Y, U ❭ UE*				
	E ❭ IE PENSAR	*O ❭ UE* VOLVER	*E ❭ I* PEDIR	*I ❭ Y* CONSTRUIR	*U ❭ UE* JUGAR
Tú	piensa	vuelve	pide	construye	juega
Usted	piense	vuelva	pida	construya	juegue
Nosotros	pensemos	volvamos	pidamos	construyamos	juguemos
Ustedes	piensen	vuelvan	pidan	construyan	jueguen

	IR	VENIR	SALIR	TENER	PONER	HACER	DECIR
OTROS VERBOS IRREGULARES:							
Tú	**ve**	**ven**	**sal**	**ten**	**pon**	**haz**	**di**
Usted	vaya	venga	salga	tenga	ponga	haga	diga
Nosotros	vayamos	vengamos	salgamos	tengamos	pongamos	hagamos	digamos
Ustedes	vayan	vengan	salgan	tengan	pongan	hagan	digan

Toma en cuenta

*Recuerda que los verbos de la persona **vosotros** son siempre regulares en esta forma del Modo Imperativo. Para conjugarlos solo necesitas hacer el mismo cambio que se hace para los verbos regulares.*

	IR	VENIR	SALIR	TENER	PONER	HACER	DECIR
Vosotros	id	venid	salid	tened	poned	haced	decid

3.1. Ejercicios. Completa con imperativos, los espacios en blanco en esta receta para aprender a hacer sopaipillas. Usa el imperativo en la forma "tú".

(*Poner*) _________________ unos trozos de zapallo en agua con una cucharadita de sal y (*cocinar*)_________________ unos minutos. En un bol (*mezclar*) _________________ dos tazas de harina, una cucharadita y media de sal y un chorro de aceite. (*hacer*) _________________ un puré con el zapallo cocido y (*agregar*) _________________ a la mezcla anterior. (*tener*) _________________ en cuenta que, si es necesario, puedes usar el agua donde cociste el zapallo para mojar la masa.

(*Estirar*) _________________ la masa con un uslero, con una tapa (*cortar*) _________________ la masa en círculos y (*pinchar*) _________________

las sopaipillas con un tenedor. (*Freír*) _______________ en abundante aceite por ambos lados hasta que tomen un poco de color ¡y listo! (*Ir*) _______________ a llamar a tus amigos y (*decir*) _______________ a todos que "¡las sopaipillas están listas para la once!".

En los imperativos afirmativos, puedes agregar los pronombres átonos después del verbo y formando una sola palabra.

Ejemplos:

• Cocina los **trozos** de zapallo.	=	Cocína**los**.
• Agrega el **puré** a la mezcla.	=	Agréga**lo**.
• Fríe las **sopaipillas**.	=	fríe**las**.
• Di a **todos**.	=	di**les** (a todos).

Toma en cuenta

---

4 ¡NO LO OLVIDES! IMPERATIVO NEGATIVO

Ya sabes para qué podemos usar el imperativo y que existen dos formas: ya revisamos la afirmativa. Observa ahora la forma negativa:

PRESENTE DE INDICATIVO		Imperativo negativo -*AR* HABLAR
Tú habl**as**	❭ e	no habl**es**
Ud. habl**a**	❭ e	no habl**e**
Nosotros habl**amos**	❭ e	no habl**emos**
Uds. habl**an**	❭ e	no habl**en**

PRESENTE DE INDICATIVO		Imperativo negativo *-ER* COMER
Tú com**es**	› a	no com**as**
Ud. com**e**	› a	no com**a**
Nosotros com**emos**	› a	no com**amos**
Uds. com**en**	› a	no com**an**
PRESENTE DE INDICATIVO		Imperativo negativo *-IR* VIVIR
Tú viv**es**	› a	no viv**as**
Ud. viv**e**	› a	no viv**a**
Nosotros viv**imos**	› a	no viv**amos**
Uds. viv**en**	› a	no viv**an**

Como ves, en el **Imperativo negativo** solo cambia la forma en que se construye la segunda persona (*tú*). Un truco para recordar cómo se construye, es tomar la forma del imperativo de *usted* y agregarle una **-s**.:

- Usted hable. / usted no hable. ≡ tú NO hable**s**.

Algo importante: los imperativos afirmativos irregulares en solo la forma *tú*, ahora se construyen como todos los demás:

	IR	VENIR	SALIR	TENER	PONER	HACER	DECIR
Tú	no vayas	no vengas	no salgas	no tengas	no pongas	no hagas	no digas

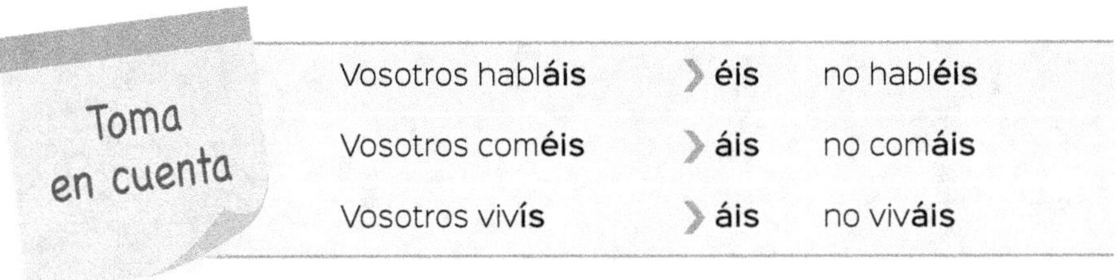

Toma en cuenta

Vosotros habl**áis**	› **éis**	no habl**éis**
Vosotros com**éis**	› **áis**	no com**áis**
Vosotros viv**ís**	› **áis**	no viv**áis**

4.1. ¡No lo hagas! Completa con los imperativos negativos. Para tomar una micro en Santiago:

Ejemplo:

- *No esperes en cualquier paradero. Todas las micros tienen uno especial.*

1. Tú no (*pagar*) _____________________ con monedas. Todos usamos una tarjeta BIP.

2. Ustedes no (*subir*) _____________________ a la micro equivocada. Todas tienen un recorrido diferente.

3. Tú no (*soltarse*) _____________________ del pasamanos. Puedes caerte.

4. Usted no (*bajar*) _____________________ de la micro aún en movimiento. Es peligroso.

5. Nosotros no (*poner*) _____________________ las manos en la puerta. Podemos accidentarnos.

6. Tú no (*ir*) _____________________ de pie al lado de la puerta. La gente necesita espacio para bajar.

7. Usted no (*distraerse*) _____________________. Puede *pasarse de largo*.

8. Ustedes no (*perder*) _____________________ la oportunidad de viajar en micro. ¡Es una experiencia!

4.2. Permita bajar antes de subir. Los medios de transporte han ido evolucionando a lo largo de los años y a medida que las ciudades han crecido se han desarrollado nuevas tecnologías.

Sobre eso, muchas personas han decidido volver a otros medios, como la bicicleta para moverse en la ciudad, usando aplicaciones que permiten acceder fácilmente a ellas. De esta forma, hoy en día podemos encontrar bicicletas de alquiler en las calles, como las de *Bike Santiago* y ¡todo lo que necesitas es inscribirte en su página web!

1. ¿Sabes qué otras aplicaciones puedes usar para alquilar bicicletas en Santiago? Averigua y luego cuenta a la clase lo que sabes.

2. Compara la realidad del uso de bicicletas y vías exclusivas para ellas en tu país o ciudad, con lo que ves en Chile al respecto.

3. ¿Tienes algunas sugerencias para mejorar el sistema? Imagina que estás hablando con los responsables y usa imperativo para recomendar.

   Ejemplo:

   - *Pongan mejores señaléticas para los ciclistas.*

4.3. ¡Hazme caso! Tu amiga Hannah, ha llegado hace unas semanas a Chile y tú quieres convencerla de que es mejor usar la bicicleta para moverse por Santiago. Intenta convencerla de que utilice este servicio y dale las instrucciones necesarias, usando imperativo afirmativo y negativo, para poder usarlo.

Ejemplo:

- *Hannah, en Santiago **no uses** la micro **usa** Bike Santiago, es más rápido y práctico. **Entra** a la página web y **suscríbete**...*

En los imperativos negativos, puedes agregar los pronombres átonos antes del verbo.

Ejemplos:

- No uses **la micro.** = No **la** uses.
- Di a **tu amiga.** = No **le** digas.
- Alquila **bicicletas.** = No **las** alquiles.

Toma en cuenta

5 | PASO DE CEBRA. PARA IR MÁS ALLÁ

Hannah ha viajado a La Paz y se ha encontrado con unos curiosos personajes en las calles de la capital de Bolivia. Lee este texto y luego realiza las actividades que se proponen.

El cruce entre la avenida Camacho y la calle Bueno de La Paz, Bolivia, es uno de esos lugares donde encontramos una gran cantidad de automóviles y **peatones** apresurados. Por eso es curioso ver a una cebra cantando, dando saltos, bailando y parando a los vehículos para que las personas puedan pasar.

Son *las cebras de La Paz*, un símbolo que se ha convertido en **patrimonio** de la ciudad boliviana, que buscan educar a peatones y conductores sobre construir una ciudad mejor.

"El **semáforo** ya va a cambiar, "apúrese, Señorita", "súbanse a la **acera**", dice una cebra; mientras, en otro paso peatonal, otra de sus compañeras se lanza a parar a un vehículo y le indica a una señora mayor: "linda señora, tenga cuidado; "no cruce". "Las cebritas *le recomendamos que espere* la luz verde".

Luis Denis Sosa, una de las valientes cebritas, dice que lo primero es su seguridad y la de los **transeúntes**. Él ahora dirige uno de los equipos de cebritas y les da muchos consejos:

"Primero que todo, escúchenme, *les sugiero que siempre tengan una buena actitud, que sean amables y, lo más importante, recomiendo que cuiden su seguridad."*, después agrega lo siguiente: *"les aconsejo que aprovechen este trabajo porque es muy importante para la sociedad."*

Luis nos cuenta que este trabajo es totalmente **voluntario**, aunque la **municipalidad** los ayuda un poco con los traslados,

comida y un aporte económico para continuar sus estudios, porque todos ellos son estudiantes entre 16 y 24 años.

5.1. En el texto aparecen palabras destacadas en negrita. Relaciona cada una de ellas con las definiciones a continuación.

1. Conjunto de los edificios y los objetos de valor histórico o artístico pertenecientes a un país.

> ___________________

2. Parte lateral de la calle que separa la calzada de las construcciones y por donde camina la gente.

> ___________________

3. Alguien que camina por un lugar.

> ___________________

4. Persona que se ofrece a hacer un trabajo sin compensación económica.

> ___________________

5. Aparato eléctrico con luces que regulan el paso de automóviles y personas.

> ___________________

6. Persona que camina o anda a pie, en contraposición a las personas que van en vehículo.

> ___________________

7. Institución que administra el funcionamiento de una ciudad o parte de ella.

> ___________________

5.2. ¿Qué opinas de la historia que presenta el texto sobre *las cebritas*? Conoces algún otro tipo de actividad inusual similar a esta? Comenta con tus compañeros.

5.3. ¿Y si damos un paso adelante? Hemos estado trabajando con los imperativos. Con ellos podemos mandar, ordenar, solicitar o sugerir a otras personas. Mira el texto de las cebritas otra vez y escribe en el cuadro, las oraciones que usan imperativo.

- *Apúrese, Señorita.*
-
-
-
-

5.4. Vuelve a leer el texto y fíjate en las oraciones subrayadas. Todas ellas cumplen también, una de las funciones de los imperativos. Todas pretenden dar un consejo; recomendar o sugerir algo a otra persona. Mira los imperativos en la tabla y escribe junto a cada uno, la oración subrayada, que transmite la misma idea.

Espere la luz verde. ❯ *Le recomendamos que **espere**.*

Tengan una buena actitud. ❯ _______________

Cuiden su seguridad. ❯ _______________

Aprovechen este trabajo. ❯ _______________

Como puedes ver, en las oraciones subrayadas, el verbo es exactamente igual que el verbo en imperativo. Pero a diferencia de ese modo, estas frases tienen dos partes. Mira la estructura.

Les	sugiero	que	siempre	tengan	una buena actitud.
	V. 1	+ que +		V. 2	
	Verbo principal			Verbo subordinado	

¡Ahora ya lo sabes! Con esta construcción podemos expresar, al igual que con los imperativos, consejos, sugerencias, recomendaciones. ¡Vamos a crear oraciones, repitiendo la estructura! Acá tienes el recordatorio de las conjugaciones del imperativo. ¡Atención! Fíjate que hay un pequeño cambio: debes usar la forma del imperativo negativo en *tú*.

	HABLAR	COMER	VIVIR
Tú	**hables**	**comas**	**vivas**
Él/Ella/Usted	hable	coma	viva
Nosotros/as	hablemos	comamos	vivamos
Ellos/Ellas/Ustedes	hablen	coman	vivan

1. Para mejorar tu español, **recomiendo que** *hables con muchas personas*.

2. Si usted quiere aprovechar de la vida en la ciudad, **sugiero que** *viva en el Centro*.

3. Si quieren conocer un paisaje muy hermoso, **les recomiendo que** ___________

   ____.

4. Para aprender a usar la micro **nos sugieren que** ___________________

   ____.

5. Durante los fines de semana **te sugiero que** ___________________

   ____.

5.5. ¿Qué me recomiendas tú para poder aprender un nuevo idioma?

6 | OTRO POCO DE AVANCE

Como has podido ver, con las actividades anteriores, nos hemos encontrado con una nueva forma verbal. Esta se llama *presente de subjuntivo*. Y tiene prácticamente la misma forma de conjugación del modo Imperativo. ¡Entonces ya lo sabes conjugar! Solo debes agregar todas las personas gramaticales.

	HABLAR	COMER	VIVIR
Yo	hable	coma	viva
Tú	hables	comas	vivas
Él/Ella/Usted	hable	coma	viva
Nosotros/as	hablemos	comamos	vivamos
Vosotros/as	habléis	comáis	viváis
Ellos/Ellas/Ustedes	hablen	coman	vivan

El *modo subjuntivo*, lo seguirás estudiando en los otros niveles de español, pues tiene muchos diferentes usos. Pero, ¡vamos anticipar y a aprender otro poco más antes de terminar el curso!

6.1. ¡Que te vaya bien! Para expresar deseos, en español podemos usar verbos como *querer*, *esperar*, *desear* y el verbo en subjuntivo. Observa:

Cuando quieres expresar deseos referidos al **mismo sujeto** que habla, usamos:

Quiero viajar al sur en tren.

Nosotros **deseamos** aprender a usar las micros.

Ella **espera** subir pronto al metro.

> Querer
> Esperar + infinitivo
> Desear

Cuando quieres expresar deseos referidos a **personas diferentes del sujeto,** usamos:

Quiero que **viajes** al sur en tren.

Nosotros deseamos que **aprendas** a usar las micros.

Ella espera que yo **suba** pronto al metro.

Querer

Esperar + que + subjuntivo

Desear

6.2. Piensa en tres deseos para ti y tres deseos para tus compañeros, utilizando las estructuras que acabas de aprender.

Ejemplos:

* *Quiero aprender más cada día.*

* *Espero que ustedes cumplan todos sus sueños.*

Para mí

1. ____

2. ____

3. ____

Para ellos

1. ____

2. ____

3. ____

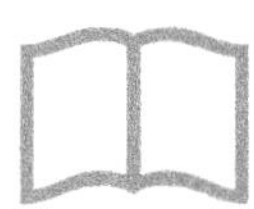

6.3. Un poco más de práctica. ¿Recuerdas a Hannah? Ella se ha enamorado de un chico chileno y ahora él quiere dejar todo e irse a La Paz, para convertirse en una cebrita. Lee la carta que escribe Hannah a un consultorio sentimental.

Querida Doctora holística:

Tengo hace poco tiempo un pololo chileno, yo soy de Holanda. Estoy muy enamorada y quiero hacer planes para el futuro con él. Quiero quedarme en Chile y espero poder encontrar también un trabajo aquí. Pero tengo un problema, hace poco tiempo viajamos a La Paz y conocimos a unos curiosos personajes llamados "cebritas". Ellos se dedican a regular el tráfico de la ciudad disfrazados de cebras y, hacen este trabajo voluntariamente.

Pues bueno, mi pololo ahora quiere dejar todo y volver a Bolivia para trabajar como cebrita y quiere que me vaya con él. Yo le recomiendo que lo piense mejor, pero no me escucha. A mí no me importa vivir en otro país, pero no deseo vivir con un chico que no tiene más aspiraciones que ser una cebrita.

Estoy muy complicada, por favor, aconséjeme.
Saludos,
Confundida

6.4. Trabaja con un compañero, miren la carta e identifiquen las estructuras que hemos estudiado. Después piensen en una respuesta para Hannah y preséntenla a la clase. No olviden utilizar todo lo que han aprendido en esta unidad.

Querida Confundida....

7 | TAREA FINAL: CONSULTORIO SENTIMENTAL

Ya has podido ver en qué consiste un consultorio sentimental. Este tipo de ayuda se ofrece en periódicos, revistas, radios e incluso; hoy en día; en páginas web y podcasts. Sin embargo, donde más se hicieron populares estos consultorios fue en la radio, donde la gente llamaba a un especialista en "problemas del corazón" y este les ofrecía sus consejos y recomendaciones para solucionar los problemas de la gente.

Ahora, con tus compañeros tienen que crear un consultorio sentimental para la radio. Uno de ustedes será el especialista y los demás, los *aproblemados* oyentes. Planteen sus problemas, deseos, aspiraciones, peticiones, etc. Por supuesto, también deben ofrecer soluciones o recomendaciones para los problemas.

El profesor les ayudará a organizar el trabajo. ¡Esperamos que se diviertan mucho!

✓ AUTOEVALUACIÓN

1. Completa con los verbos en imperativo en la forma Tú. Usa afirmativo o negativo según el contexto. (24 puntos)

Si vas a viajar en avión por primera vez, no (*olvidar*) _________________ considerar los siguientes puntos. (*Hacer*) _________________ una lista de todos los documentos que debes llevar antes de salir de casa y (*comprobar*) _________________ que los tienes todos. No (*perder*) _________________ nada. (*Ir*) _________________ al aeropuerto con mucha anticipación ¡No (*atrasarse*) _________________!

Una vez allí, no (*olvidar*) _________________ pasar por el *Check-in* y (*entregar*) _________________ ahí tu equipaje. (*Recordar*) _________________ que debes preocuparte del peso límite y siempre (*poner*) _________________ una identificación en cada maleta para encontrarla fácilmente. Desde ese momento, (*cuidar*) _________________ mucho tu tarjeta de embarque.

No (*llevar*) _____________ comida sin envasar para subir al avión, porque no se permite entrar con ella. A propósito de eso, (*averiguar*) _____________ antes de viajar cuáles son las restricciones de objetos para entrar al país donde vas.

Una vez dentro del avión, debes guardar tu equipaje de mano, si necesitas ayuda con eso (*decir*) _____________ a los auxiliares de vuelo si pueden guardarlo por ti. Luego, (*sentarse*) _____________ tranquilo y (*relajarse*) _____________. Durante el vuelo, (*mirar*) _____________ por la ventana, o no (*mirar*) _____________ si te mareas. (*Ver*) _____________ una película o (*dormir*) _____________. No (*preocuparse*) _____________ por las turbulencias. Al llegar, no (*dejar*) _____________ nada en el asiento, (*recoger*) _____________ tu equipaje y ¡(*disfrutar*) _____________ de la nueva ciudad!

2. Imagina que la persona que viajó por primera vez es tu amiga y llegó a Santiago de Chile, donde tú estás. Proponle un divertido panorama para hacer juntos durante un día. Escribe 5 oraciones con imperativo en la forma de nosotros. (10 puntos)

    1. _____________

    2. _____________

    3. _____________

    4. _____________

    5. _____________

3. Los otros días, tu amiga deberá seguir sus vacaciones sola, recomiéndale qué hacer, aconséjale dónde ir y sugiere qué es mejor no hacer. Usa para eso, las oraciones con subjuntivo estudiadas para aconsejar. (10 puntos)

    1. _____________

    2. _____________

    3. _____________

    4. _____________

    5. _____________

4. ¿Cuáles son las 3 cosas que más quieres para la gente de Chile? Usa las estructuras con subjuntivo para desear. (6 puntos)

   1. ____

   2. ____

   3. ____

Calcula tu nota y ubica tu logro ¿dónde estás?						

Excelente	Muy bueno	Bueno	Regular	Malo	Muy malo	Pésimo
7 - 6,6	6,5 - 6,0	5,9 - 5,1	5,0 - 4,5	4,4 - 3,5	3,4 - 3	2,9 - 1
50-47 (pts.)	46-43 (pts.)	42-37 (pts.)	36-33 (pts.)	32-25 (pts.)	24-19 (pts.)	18-0 (pts.)

ANEXO:
EJERCICIOS EXTRAS

Completa las siguientes oraciones con los verbos en presente, futuro, pretérito perfecto o imperativo.

1. Cuando tú (*ir*) _____________________ al trabajo, siempre (*llevar*) _____________________ tu agenda.

2. Yo (*ir*) _____________________ a ese lugar cada sábado por más de un año y siempre (*comer/yo*) _____________________ la misma cena.

3. Rosa (*atender*) _____________________ muy bien a todos sus clientes de la tienda. Ella (*recibir*) _____________________ mañana un reconocimiento de parte de sus jefes.

4. No (*poder*) _____________________ reparar mi teléfono, aunque (*intentar*) _____________________ varias veces hacerlo. Mejor, el fin de semana que viene (*ir*) _____________________ al Mall y (*comprar/yo*) _____________________ uno nuevo.

5. Durante toda mi vida nunca (*viajar*) _____________________ sola, pero el próximo año lo (*hacer*) _____________________ .

6.

    ▪ ¿Tú (*tener*) _____________________ alguna recomendación para ir de vacaciones?

    ◆ ¡Sí, claro! (*tú/ir*) _____________________ al sur de Chile, ¡no (*arrepentirse*) _____________________ !

7. Por favor, (*decir/usted a mí*) _____________________ su nombre lentamente.

8. Aunque ya (*pasar*) _____________________ un año, nunca (*aceptar/yo*) _____________________ que todo (*terminar*) _____________________ entre nosotros.

9. Mi padre (*conocer*) _____________________ casi toda América Latina, en cambio yo no (*viajar*) _____________________ a ningún país todavía.

10. (*Disculpar tú a mí*) _____________________, por favor. No (*entender*) _____________________ tu argumento.

11. Juan, no (*votar*) _____________________ por ese candidato para presidente.

12. Habitualmente yo (*bañarse*) _____________________ con agua fría. Aunque algunos inviernos (*resfriarse*) _____________________ por eso.

13. ¡No (*casarse/tú*) _____________________ con ese vago! (*esperar/tú*) _____________________ y pronto (*encontrar/tú*) _____________________ a alguien mejor.

14. Siempre (*querer/yo*) _____________________ aprender a tocar guitarra.

15. No (*saber/yo*) _____________________ qué me (*pasar*) _____________________, (*sentir/yo*) _____________________ que no tengo mucha energía.

16. Por favor (*limpiar/ustedes*) _____________________ el departamento, Mañana (*venir*) _____________________ los abuelos.

17. Ellos no (*tener*) _____________________ nada de suerte. Siempre (*perder*) _____________________ todo.

18. Según el pronóstico del tiempo mañana (*llover*) _____________________. (*ponerse/tú*) _____________________ un impermeable.

19. La tarea (*ser*) _____________________ muy difícil. (*Creer/yo*) _____________________ que no (*poder/yo*) _____________________ entregarla.

20. La situación económica no (*cambiar*) _____________________ en el corto plazo. Por eso (*ahorrar/nosotros*) _____________________ dinero.

Completa las siguientes oraciones con los verbos en presente, pretérito perfecto o pretérito indefinido.

1. A mí me (*asustar*) _____________________ las películas de terror. Nunca (*poder/yo*) _____________________ ver una completa.

2. Mis padres (*deber*) ________________________ ir al banco porque les (*llegar*) ________________________ un aviso importante.

3. Teresa (*recibir*) ________________________ una llamada de su mejor amiga. Ahora (*estar*) ________________________ muy feliz.

4. No (*ser*) ________________________ una buena idea eso que (*hacer/tú*) ________________________ ayer.

5. ¿(*Comprar/ustedes*) ________________________ las entradas antes de ir al cine?

6. El mundial de fútbol (*ser*) ________________________ un evento deportivo importante. Aunque yo lo (*ver*) ________________________ solo por televisión.

7. Ahora no (*tener/tú*) ________________________ dinero porque lo (*gastar/tú*) ________________________ todo en vacaciones.

8. El mundo (*temer*) ________________________ por el cambio climático, pero nadie (*hacer*) ________________________ nada realmente para solucionarlo.

9. Mi abuelita (*enojarse*) ________________________ mucho cuando (*ver/ella*) ________________________ que nosotros (*dejar*) ________________________ la cocina hecha un desastre.

10. (*Estar/yo*) ________________________ muy cansado de trabajar tanto. (*trabajar/yo*) ________________________ sin parar todo este mes.

11. Nosotros (*ir*) ________________________ a la fiesta, pero no (*ver*) ________________________ a nadie conocido.

12. Juan (*tener*) ________________________ vergüenza porque nunca (*poder*) ________________________ aprender a bailar.

13. Los chicos no (*llegar*) ________________________ a dormir anoche y yo no (*saber*) ________________________ qué les (*pasar/a ellos*) ________________________.

14. Nosotros (*saber*) ________________________ que tu abuelo (*estar*) ________________________ enfermo por más de un año. Lo (*sentir/nosotros*) ________________________ mucho.

15. Juan (*estudiar*) _______________ muchos idiomas en su vida. Él (*saber*) _______________ hablar alemán, francés, italiano y el año pasado (*entrar*) _______________ a estudiar japonés.

16. Aunque (*leer/yo*) _______________ todos los apuntes el fin de semana pasado, todavía no (*entender/yo*) _______________ totalmente la materia.

17.

　　■　¿Cuántas veces (*hacer/tú*) _______________ senderismo en tu vida?

　　◆　¡Solo una vez! De hecho, el mes pasado (*ir/yo*) _______________ con unos amigos por primera vez.

18. Cuando mi hijo (*venir*) _______________ a visitarme, (*ponerse/yo*) _______________ muy feliz.

19. Mis amigos (*visitar*) _______________ el museo el viernes, pero yo (*quedarse*) _______________ en la casa.

20. Nosotros (*escribir*) _______________ dos de los diez informes que (*tener/nosotros*) _______________ que escribir. (*Deber/nosotros*) _______________ apurarnos.

Completa las siguientes oraciones con los verbos en pretérito indefinido o pretérito imperfecto.

1. Ustedes (*alegrarse*) _______________ mucho cuando me (*ver/ustedes*) _______________ llegar.

2. Santiago (*ser*) _______________ una ciudad más agradable cuando no (*tener*) _______________ tanta contaminación.

3. La Plaza de Armas (*ser*) _______________ diseñada hace muchos años. Pero antes (*tener*) _______________ muchos más árboles.

4. ¿Por qué no (*venir/tú*) _______________ a la reunión de ayer?

5. ¡En serio! yo no (*saber*) _______________ que tu mamá (*estar*) _______________ viajando por África.

6. Solo les (*pedir/nosotros*) _____________________ decir la verdad. Creemos que eso no (*ser*) _____________________ tan difícil, ¿o no?

7. Mientras (*vivir/tú*) _____________________ en la casa de tus padres (*tener/tú*) _____________________ que obedecer sus reglas.

8. (*Esperar/yo*) _____________________ toda la tarde tu llamada y nunca me (*llamar/tú*) _____________________ .

9. Lo siento, pero no (*tener/yo*) _____________________ tiempo para llamarte. Por eso no te (*llamar*) _____________________ .

10. Cuando era niño (*tener*) _____________________ un vecino que siempre (*decir*) _____________________ que (*ser*) _____________________ millonario.

11. El médico me (*aconsejar*) _____________________ hacer más deporte.

12. En la playa (*haber*) _____________________ mucho sol y la gente (*estar*) _____________________ divirtiéndose.

13. Esa tarde (*tener/tú*) _____________________ la cara muy pálida, (*ser*) _____________________ evidente que tú (*estar*) _____________________ enfermo.

14. Yo (*saber*) _____________________ que me (*engañar/tú*) _____________________ , pero yo no (*tener*) _____________________ el coraje para dejarte.

15. Creo que (*tener/ustedes*) _____________________ toda la razón. Discúlpenme porque no les (*creer/yo*) _____________________ cuando me lo (*decir/ustedes*) _____________________ .

16. Carlos me (*preparar*) _____________________ un café y yo lo (*tomar*) _____________________ tranquilamente.

17. Aun cuando me lo (*pedir/él*) _____________________ de rodillas, yo no (*aceptar*) _____________________ sus disculpas.

18. Cuando (*estar/ellos*) _____________________ en la escuela de niños, ellos nunca (*poner*) _____________________ atención a la profesora. Por eso jamás (*entender*) _____________________ nada.

19. Siempre (*querer/yo*) _______________ tener un tren a control remoto, pero mis padres nunca me lo (*regalar*) _______________.

20. El año pasado nosotros (*tomar*) _______________ vacaciones, a pesar de que (*saber*) _______________ que no (*tener*) _______________ el dinero.

Completa las siguientes oraciones con los verbos en presente, pretérito indefinido o pretérito imperfecto.

1. (*Tener/yo*) _______________ un paraguas muy bonito que me (*comprar/yo*) _______________ en el mall porque no (*tener/yo*) _______________ ninguno.

2. Si tú me (*invitar*) _______________ a tomar un helado, yo te (*llevar*) _______________ a tomar un café a un lindo lugar que (*descubrir*) _______________ el otro día.

3. Aunque Ana (*tener*) _______________ muchos amigos, nadie (*ir*) _______________ a visitarla cuando (*estar*) _______________ enferma el mes pasado.

4. En febrero pasado mis tíos (*visitar*) _______________ el lugar en donde (*soler*) _______________ pasar sus vacaciones cuando (*ser*) _______________ jóvenes.

5. Si me (*querer/ustedes*) _______________ decir algo, (*poder/ustedes*) _______________ hacerlo. Ya (*terminar/yo*) _______________ de estudiar y (*estar*) _______________ libre ahora.

6. Cuando (*ser/yo*) _______________ niño, (*ir*) _______________ todos los domingos a misa. Ahora no lo (*hacer*) _______________ tanto.

7. Las rosas que te (*regalar/yo*) _______________ esa tarde, (*ser*) _______________ rojas.

8. Sara (*estar*) _______________ muy enamorada, todos los días cuando su pareja (*llegar*) _______________ , ella (*correr*) _______________ a sus brazos.

9. En el pasado, cada vez que (*venir/ellos*) _______________ a Santiago, (*pasar*) _______________ a vernos.

10. Todavía, cada vez que (*venir/ellos*) _______________ a Santiago, (*pasar*) _______________ a vernos.

11. (*Ser*) _______________ inútil seguir juntos. Ya (*encontrar/yo*) _______________ a otra persona. Lo (*sentir*) _______________.

12. Durante la cena anoche (*probar/usted*) _______________ un plato delicioso. Ahora (*querer/usted*) _______________ conseguir la receta.

13. Ellos nos (*acompañar*) _______________ a casa después del concierto de ayer, porque (*tener/nosotros*) _______________ un poco de miedo de regresar solos.

14. Gustavo (*perder*) _______________ su trabajo ayer, ahora no (*tener*) _______________ mucha seguridad sobre su futuro.

15. Mira, yo (*opinar*) _______________ que el español (*ser*) _______________ fácil. Cuando lo (*aprender*) _______________ hace unos años, (*pensar/yo*) _______________ diferente, pero después (*cambiar*) _______________ de opinión.

16. Cuando (*ser*) _______________ niña, (*comer*) _______________ mucha fruta. Ahora (*comer*) _______________ muy poca, lamentablemente.

17. (*Ser*) _______________ medianoche cuando él (*llegar*) _______________ ayer.

18. El domingo (*dormir*) _______________ toda la tarde.

19. Antes nunca (*dormir*) _______________ siesta, pero ahora me (*gustar*) _______________ hacerlo.

20. ¿Qué día (*ser*) _______________ ayer?

Completa las siguientes oraciones con los verbos en presente, futuro, pretérito indefinido, pretérito imperfecto o imperativo

1. (*Llamar/tú a mí*) ___________________, por favor. Yo no (*tener*) ___________________ minutos en mi teléfono.

2. (*Ser*) ___________________ muy triste decirte adiós. Pero sé que el próximo año (*volver/tú*) ___________________ a visitarme.

3. Anoche nosotros (*tomar*) ___________________ un taxi porque (*ser*) ___________________ muy tarde para tomar el metro.

4. ¡Yo (*querer*) ___________________ ver esa película! ¡(*invitar/tú a mí*) ___________________ al cine! ¿o ya la (*ver/tú*) ___________________?

5. Mañana te (*devolver*) ___________________ la plata que me (*prestar/tú*) ___________________.

6. ¿Es verdad que (*casarse/tú*) ___________________ en Las Vegas el año pasado?

7. ¿Viviana (*tener*) ___________________ el pelo más ondulado? (*contar/tú a mí*) ___________________, ¿(*hacerse/ella*) ___________________ algo?

8. No (*tener/nosotros*) ___________________ idea qué (*hacer/nosotros*) ___________________ el próximo fin de semana.

9. En mi caso, (*faltar/yo*) ___________________ unos días a la oficina, así que no (*poder/yo*) ___________________ salir de día libre.

10. Ayer (*haber*) ___________________ mucha gente en el metro y por eso no (*poder/yo*) ___________________ llegar a tiempo a clases.

11. Esta mañana no (*poder/yo*) ___________________ tomar desayuno así que ahora (*morirse*) ___________________ de hambre.

12. Nosotros nos (*comprar*) ___________________ un café antes de entrar a la clase que viene.

13. ¡(*Esperar/ustedes a mí*) _________________, por favor, (*olvidar*) _________________ traer mi tarea, (*tener/yo*) _________________ que devolverme a buscarla.

14. (*Dejar/tú a mí*) _________________ en paz.

15. Cuando (*ser/nosotros*) _________________ niños, (*ser*) _________________ tan entretenido jugar en el parque.

16. Ahora no (*jugar/nosotros*) _________________. Solo (*sentarse/nosotros*) _________________ a descansar.

17. ¡Por mi parte, el otro día sí (*jugar/yo*) _________________ con mi perro como un niño pequeño!

18. ¡Qué divertido! ¡(*ir/nosotros*) _________________ al parque mañana!

19. Muy bien, vamos mañana. Yo (*llevar*) _________________ algo para comer.

20. ¡La idea (*ser*) _________________ jugar y no comer! (*olvidar/tú*) _________________ la comida.

ANEXO:
CONJUGACIONES VERBALES

TIEMPO PRESENTE

VERBOS REGULARES		
	HABLAR	COMER	VIVIR
Yo	hablo	como	vivo
Tú	hablas	comes	vives
Él/Ella/Usted	habla	come	vive
Nosotros/as	hablamos	comemos	vivimos
Vosotros/as	habláis	coméis	vivís
Ellos/Ellas/Ustedes	hablan	comen	viven

VERBOS IRREGULARES					
	SER	ESTAR	HABER	DAR	SABER	IR
Yo	soy	estoy	he	doy	sé	voy
Tú	eres	estás	has	das	sabes	vas
Él/Ella/Usted	es	está	ha	da	sabe	va
Nosotros/as	somos	estamos	hemos	damos	sabemos	vamos
Vosotros/as	sois	estáis	habéis	dais	sabéis	vais
Ellos/Ellas/Ustedes	son	están	han	dan	saben	van

IRREGULARES EN LA PRIMERA PERSONA (I)				
	PONER	TENER	VENIR	DECIR
Yo	**pongo**	**tengo**	**vengo**	**digo**
Tú	pones	tienes	vienes	dices
Él/Ella/Usted	pone	tiene	viene	dice
Nosotros/as	ponemos	tenemos	venimos	decimos
Vosotros/as	ponéis	tenéis	venís	decís
Ellos/Ellas/Ustedes	ponen	tienen	vienen	dicen

IRREGULARES EN LA PRIMERA PERSONA (II)				
	SALIR	HACER	CAER	TRAER
Yo	**salgo**	**hago**	**caigo**	**traigo**
Tú	sales	haces	caes	traes
Él/Ella/Usted	sale	hace	cae	trae
Nosotros/as	salimos	hacemos	caemos	traemos
Vosotros/as	salís	hacéis	caéis	traéis
Ellos/Ellas/Ustedes	salen	hacen	caen	traen

VERBOS IRREGULARES CON CAMBIO VOCÁLICO (I)

E - IE

(Otros verbos: pensar, sentar(se), atender, encender, entender, querer, perder, divertir(se), mentir, despertar(se), calentar, empezar, regar, preferir, discernir, sugerir, arrepentirse...)

	CERRAR	COMENZAR	SENTIR
Yo	cierro	comienzo	siento
Tú	cierras	comienzas	sientes
Él/Ella/Usted	cierra	comienza	siente
Nosotros/as	cerramos	comenzamos	sentimos
Vosotros/as	cerráis	comenzáis	sentís
Ellos/Ellas/Ustedes	cierran	comienzan	sienten

VERBOS IRREGULARES CON CAMBIO VOCÁLICO (II)

O - UE

(Otros verbos: acordar(se), recordar, poder, contar, jugar, mover, volver, morir, cocer, torcer, costar, mostrar, probar, rogar, oler...)

	ALMORZAR	ACOSTAR	ENCONTRAR
Yo	almuerzo	acuesto	encuentro
Tú	almuerzas	acuestas	encuentras
Él/Ella/Usted	almuerza	acuesta	encuentra
Nosotros/as	almorzamos	acostamos	encontramos
Vosotros/as	almorzáis	acostáis	encontráis
Ellos/Ellas/Ustedes	almuerzan	acuestan	encuentran

VERBOS IRREGULARES CON CAMBIO VOCÁLICO (III)

E - I

(Otros verbos: despedir(se), vestir(se), competir, reír, corregir, repetir, servir, elegir, corregir, teñir...)

	PEDIR	MEDIR	SEGUIR
Yo	pido	mido	sigo
Tú	pides	mides	sigues
Él/Ella/Usted	pide	mide	sigue
Nosotros/as	pedimos	medimos	seguimos
Vosotros/as	pedís	medís	seguís
Ellos/Ellas/Ustedes	piden	miden	siguen

VERBOS CON IRREGULARIDADES ORTOGRÁFICAS (I)

Terminación en *-CER* o *-CIR*

(Otros verbos: aparecer, desaparecer, nacer, ofrecer, parecer, traducir, producir...)

	CONOCER	AGRADECER	CRECER
Yo	cono**zco**	agrade**zco**	cre**zco**
Tú	conoces	agradeces	creces
Él/Ella/Usted	conoce	agradece	crece
Nosotros/as	conocemos	agradecemos	crecemos
Vosotros/as	conocéis	agradecéis	crecéis
Ellos/Ellas/Ustedes	conocen	agradecen	crecen

VERBOS CON IRREGULARIDADES ORTOGRÁFICAS (II)

Terminación en *–UIR*

(Otros verbos: sustituir, disminuir, huir, fluir, atribuir, contribuir, distribuir, excluir...)

	DESTRUIR	CONCLUIR	CONSTRUIR
Yo	destru**yo**	conclu**yo**	constru**yo**
Tú	destru**yes**	conclu**yes**	constru**yes**
Él/Ella/Usted	destru**ye**	conclu**ye**	constru**ye**
Nosotros/as	destruimos	concluimos	construimos
Vosotros/as	destruís	concluís	contruís
Ellos/Ellas/Ustedes	destru**yen**	conclu**yen**	constru**yen**

VERBOS CON IRREGULARIDADES ORTOGRÁFICAS (III)		
	G cambia a **J** en primera persona "yo" (Otros verbos: corregir, dirigir, exigir, escoger, encoger, surgir...)	Verbos terminados en **-GUIR** pierden la **U** en la primera persona "yo" (Otros verbos: distinguir, conseguir, perseguir...)
	PROTEGER	SEGUIR
Yo	prote**j**o	si**g**o
Tú	proteges	sigues
Él/Ella/Usted	protege	sigue
Nosotros/as	protegemos	seguimos
Vosotros/as	protegéis	seguís
Ellos/Ellas/Ustedes	protegen	siguen

TIEMPO FUTURO IMPERFECTO

VERBOS REGULARES		
	HABLAR	COMER	VIVIR
Yo	hablar**é**	comer**é**	vivir**é**
Tú	hablar**ás**	comer**ás**	vivir**ás**
Él/Ella/Usted	hablar**á**	comer**á**	vivir**á**
Nosotros/as	hablar**emos**	comer**emos**	vivir**emos**
Vosotros/as	hablar**éis**	comer**éis**	vivir**éis**
Ellos/Ellas/Ustedes	hablar**án**	comer**án**	vivir**án**

VERBOS IRREGULARES (I)

	QUERER	HACER	DECIR	TENER
Yo	querré	haré	diré	tendré
Tú	querrás	harás	dirás	tendrás
Él/Ella/Usted	querrá	hará	dirá	tendrá
Nosotros/as	querremos	haremos	diremos	tendremos
Vosotros/as	querréis	haréis	diréis	tendréis
Ellos/Ellas/Ustedes	querrán	harán	dirán	tendrán

VERBOS IRREGULARES (II)

	SABER	HABER	PONER	PODER
Yo	sabré	habrá	pondré	podré
Tú	sabrás	habrás	pondrás	podrás
Él/Ella/Usted	sabrá	habrá	pondrá	podrá
Nosotros/as	sabremos	habremos	pondremos	podremos
Vosotros/as	sabréis	habréis	pondréis	podréis
Ellos/Ellas/Ustedes	sabrán	habrán	pondrán	podrán

VERBOS IRREGULARES (III)

	SALIR	VENIR	VALER	CABER
Yo	saldré	vendré	valdré	cabré
Tú	saldrás	vendrás	valdrás	cabrás
Él/Ella/Usted	saldrá	vendrá	valdrá	cabrá
Nosotros/as	saldremos	vendremos	valdremos	cabremos
Vosotros/as	saldréis	vedréis	valdréis	cabréis
Ellos/Ellas/Ustedes	saldrán	vendrán	valdrán	cabrán

TIEMPO PRETÉRITO PERFECTO

Yo	He		
Tú	Has		
Él/Ella/Usted	Ha		
Nosotros/as	Hemos	**+**	**participio (-*ADO* / -*IDO*)**
Vosotros/as	Habéis		
Ellos/Ellas/Ustedes	Han		

PARTICIPIOS IRREGULARES	
Ver	Visto
Hacer	Hecho
Poner	Puesto
Volver	Vuelto
Romper	Roto
Decir	Dicho
Abrir	Abierto
Escribir	Escrito
Descubrir	Descubierto
Morir	Muerto

NOTA: los verbos que derivan de verbos anteriores, mantienen la misma irregularidad. Ejemplos: devolver, envolver, deshacer, disponer, suscribir...

TIEMPO PRETÉRITO IMPERFECTO

VERBOS REGULARES			
	JUGAR	CORRER	SALIR
Yo	jug**aba**	corr**ía**	sal**ía**
Tú	jug**abas**	corr**ías**	sal**ías**
Él/Ella/Usted	jug**aba**	corr**ía**	sal**ía**
Nosotros/as	jug**ábamos**	corr**íamos**	sal**íamos**
Vosotros/as	jug**abais**	corr**íais**	sal**íais**
Ellos/Ellas/Ustedes	jug**aban**	corr**ían**	sal**ían**

VERBOS IRREGULARES			
	SER	IR	VER
Yo	era	iba	veía
Tú	eras	ibas	veías
Él/Ella/Usted	era	iba	veía
Nosotros/as	éramos	íbamos	veíamos
Vosotros/as	érais	íbais	veíais
Ellos/Ellas/Ustedes	eran	iban	veían

TIEMPO PRETÉRITO INDEFINIDO

VERBOS REGULARES		
	HABLAR	COMER	VIVIR
Yo	Hablé	comí	viví
Tú	hablaste	comiste	viviste
Él/Ella/Usted	habló	comió	vivió
Nosotros/as	hablamos	comimos	vivimos
Vosotros/as	hablasteis	comisteis	vivisteis
Ellos/Ellas/Ustedes	hablaron	comieron	vivieron

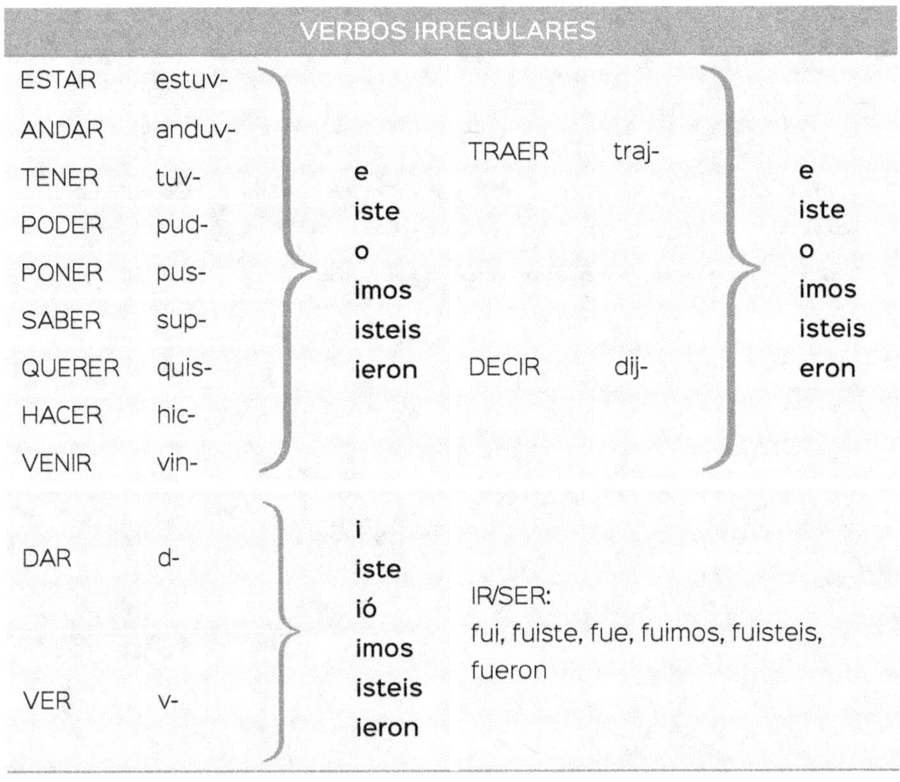

VERBOS IRREGULARES CON CAMBIO VOCÁLICO

Modelo PEDIR: *E* cambia a *I* en tercera persona	Modelo DORMIR: *O* cambia a *U* en tercera persona	Modelo LEER: *I* cambia a *Y* en tercera persona
pedí	dormí	leí
pediste	dormiste	leíste
pidió	**durmió**	**leyó**
pedimos	dormimos	leímos
pidieron	**durmieron**	**leyeron**
Otros verbos:	Otro verbo:	Otros verbos:
despedir, divertir(se), impedir, medir, elegir, reírse, seguir, vestir(se), sentir(se), repetir	morir	caer, creer, oír, poseer, contribuir, destruir, influir, huir, incluir, sustituir

VERBOS CON IRREGULARIDADES ORTOGRÁFICAS (I)

Modelo TRADUCIR:	Modelo APAGAR: agrega una *U* cambio solo en primera persona singular	Modelo EXPLICAR: *C* cambia a *-QU* cambio solo en primera persona singular
condu**je**	apa**gué**	expli**qué**
condu**jiste**	apagaste	explicaste
condu**jo**	apagó	explicó
condu**jimos**	apagamos	explicamos
condu**jeron**	apagaron	explicaron
Otros verbos:	Otros verbos:	Otros verbos:
reducir, producir, traducir, seducir, deducir	pagar, entregar, jugar, regar, negar, alegar	tocar, secar, practicar, comunicar, chocar, acercarse, dedicar

VERBOS CON IRREGULARIDADES ORTOGRÁFICAS (II)	
Modelo EMPEZAR: *Z* cambia a *C* Cambio solo en primera persona singular	Modelo AVERIGUAR: agrega cremillas en la *U* para pronunciar esa vocal. Cambio solo en primera persona singular
empe**c**é	averig**ü**é
empezaste	averiguaste
empezó	averiguó
empezamos	averiguamos
empezaron	averiguaron
Otros verbos:	Otros verbos:
almorzar, alcanzar, danzar, adelgazar, tropezar, alzar	atestiguar, apaciguar, menguar

MODO IMPERATIVO

AFIRMATIVO			
	HABLAR	COMER	VIVIR
Tú	habla	come	vive
Usted	hable	coma	viva
Nosotros/as	hablemos	comamos	vivamos
Vosotros/as	hablad	comed	vivid
Ustedes	hablen	coman	vivan

FORMAS IRREGULARES EN TÚ						
	DECIR	HACER	IR	PONER	SALIR	TENER	VENIR
Tú	di	haz	ve	pon	sal	ten	ven

NEGATIVO			
	HABLAR	COMER	VIVIR
Tú	no hables	no comas	no vivas
Usted	no hable	no coma	no viva
Nosotros/as	no hablemos	no comamos	no vivamos
Vosotros/as	no habléis	no comáis	no viváis
Ustedes	no hablen	no coman	no vivan

ANEXO:
TRANSCRIPCIONES DE LOS AUDIOS

UNIDAD 1

¡Aló Latinoamérica!

AUDIO 1

Adrián: Hola, me llamo Adrián. Soy de Santiago. Yo quiero conocer Argentina porque tengo un amigo que vive allá y siempre me dice que es una ciudad muy hermosa. Quiero visitar especialmente los museos y las librerías.

José: Hola a todos. Les habla José desde Valparaíso. Yo quiero ir a Perú para visitar las ruinas de Machu Picchu y probar la comida típica.

Carla: Hola, soy Carla. Llamo desde Santiago. Tengo muchas ganas de visitar México por sus carnavales y fiestas.

Sofía: Hola, amigos. Mi nombre es Sofía, soy de La Serena. Yo quiero viajar a Uruguay porque quiero conocer Colonia de Sacramento, porque es una de las ciudades más antiguas de Sudamérica y es magnífica.

Teresa: Buenos días, queridos amigos de la radio. Llamo desde Concepción y me llamo Teresa. Yo quiero ir a Ecuador para estar realmente en la mitad del mundo. También quiero viajar allí por su comida y su cultura.

¡Unos buenos datos!

AUDIO 2

Consejos para la salud

- ¿Coca? ¡Sí!, si te sientes "apunado", tienes que masticar hojas de coca y te vas a sentir mejor muy rápido.

- También hay otros tips para evitar el *apunamiento*, por ejemplo: beber mucha agua, comer siempre comidas livianas y caminar tranquilamente por las calles (nunca andar corriendo).

■ El sol es muy fuerte en la ciudad de La Paz, entonces debes usar protector solar todos los días.

Otras recomendaciones:

Te aconsejo ir a La Paz mínimo por cuatro días y alojar cerca del centro de la ciudad.

UNIDAD 2

La vendimia

AUDIO 3

Gloria: Francisco, tengo muchas ganas de ir a una viña o a un pueblo para ver cómo se celebra la vendimia, ¿quieres ir conmigo?

Francisco: Sí, por supuesto. Es más, yo ya tengo planes. Iré a San José de Maipo. Ahí se celebrará la próxima semana.

Gloria: ¡Fantástico! ¿Sabes qué harán para celebrarla?

Francisco: Las diferentes viñas que hay en la zona se juntarán en la plaza. Cada una tendrá un puesto en el que ofrecerá su vino a los turistas.

Gloria: Me parece muy bien, pero pienso que será caro.

Francisco: No sé cuánto costará este año, pero sé que existen diferentes precios dependiendo de cuántas copas de vino quieres comprar.

Gloria: Eso está muy bien, ¡el problema es que querré muchas copas!

Francisco: ¡Salud por eso!

Tarea final: noticiero, despacho desde una fiesta

AUDIO 4

(Música de fondo)

Hola queridos oyentes. Estamos en vivo desde la fiesta de la primavera en el barrio Yungay. Como cada año en esta fecha las personas han salido a la calle a festejar la llegada de la primavera. Es un carnaval lleno de vida que recorre las calles de este histórico barrio.

Estamos aquí con la señora Marcia que nos va a contar un poco como vive esta fiesta:

Señora Marcia, cuéntenos, ¿cómo lo está pasando?

Señora Marcia: No muy bien. No me gusta esta fiesta. Se quedan hasta muy tarde metiendo boche y no puedo dormir.... Todos los años es lo mismo, no respetan a los vecinos que no les interesa esta celebración.

Muchas gracias señora Marcia. Bueno, podemos ver que no todos disfrutan la fiesta...

Aquí hay otra persona... señor, ¿Cuál es su nombre y qué piensa de esta fiesta?

¡Soy Akihiro! Y estoy muy feliz. Vengo de Japón donde no tenemos este tipo de fiesta en la calle. Es muy entretenido.

Muchas gracias, Akihiro. Él está feliz. Con esto cerramos el despacho. Adelante estudios.

UNIDAD 3

¡Esas costumbres de familia!

AUDIO 5

Dave: Luciano, ¿te parece si mañana domingo vamos a Aguas de Ramón para hacer *trekking*?

Luciano: ¡Qué entretenido!, pero no, no puedo. Mañana tengo una junta familiar.

Dave: ¡ah! ¿Hay alguien de cumpleaños?

Luciano: No. Lo que pasa es que tenemos la costumbre de juntarnos una vez al mes.

Dave: ¡Qué linda tradición! ¿Y quiénes de la familia participan? ¿Hermanos?, ¿primos?, ¿tíos?

Luciano: Sí, todos ellos. No siempre pueden ir todos, pero la casa de los abuelos se llena. No te imaginas la bulla.

Dave: Ya veo. Mi familia no es de muchas reuniones entre parientes. La única tradición familiar que tenemos es preparar pastel de choclo en año nuevo. Mi madre dice que es una costumbre que viene de mi bisabuela y todas sus hermanas la mantienen en sus casas.

UNIDAD 5

¿Qué pasó con el Teniente Bello?

AUDIO 6

Teoría 1: Yo escuché que él voló muy cerca de la cordillera, y parece que tuvo algunos problemas con el motor de su avión, entonces cayó en medio de los Andes donde caminó por varios días. Mi abuela dijo que encontraron su cuerpo, pero nadie sacó fotos o informó sobre el tema.

Teoría 2: A mí me dijeron que él tuvo algunos problemas económicos y por eso tuvo que planear su muerte, pero en realidad él nunca murió y llegó hasta Argentina, donde vivió por 60 años con otro nombre e incluso tuvo una familia.

Teoría 3: A nosotros nos contaron que cuando salió del aeropuerto se perdió contacto con él, pero que lo último que escuchó la persona en la torre de control fue un sonido extraño, como de otro mundo. Sí, es cierto, yo creo que se lo llevaron los extraterrestres.

La masacre de la Escuela de Santa María de Iquique

AUDIO 7

El 21 de diciembre de 1907, en la ciudad de Iquique, ubicada en el norte de Chile, ocurrió un hecho histórico que marca el movimiento obrero chileno.

Los mineros y obreros del norte comenzaron una huelga el día 10 de diciembre y cinco días después un grupo de más de dos mil personas caminó hacia Iquique, a las oficinas centrales de las empresas, para pedir mejoras salariales y laborales.

Las compañías salitreras no quisieron aceptar las propuestas de los mineros, y les pidieron volver a sus trabajos para continuar con las conversaciones. Incluso, el ministro del interior de la época solicitó a los huelguistas volver al trabajo y ordenó a la policía impedir cualquier acercamiento a las oficinas.

Como los huelguistas no hicieron caso, el 21 de diciembre la policía ordenó disparar en contra de la multitud. Según testigos, más de 200 personas murieron en la Plaza Montt y entre 200 y 400 heridos fueron llevados a hospitales, de esos heridos más de noventa murieron esa misma noche. Los sobrevivientes fueron enviados de regreso a las oficinas o embarcados a Valparaíso.

Las consecuencias de la masacre produjeron un cambio. Varios políticos e intelectuales se dieron cuenta de que era necesario abrir el debate sobre la cuestión social.

(adaptado de http://www.memoriachilena.gob.cl/602/w3-article-3604.html)

UNIDAD 6

¡Esta sí es la verdadera historia!

AUDIO 8

El nombre real de la víctima por quién se creó la animita era Romualdo Ivani Zambelli, un mecánico chileno de origen italiano, soltero y que, al momento de ser asesinado, tenía 41. Fue asaltado por delincuentes y asesinado de una estocada con cuchillo en el corazón, en la esquina de Alameda con calle San Borja, a las 20:30 horas del martes 8 de agosto de 1933.

Romualdito era de San Bernardo originalmente y desde 1930 vivía en calle Covarrubias (hoy Lisperguer) 3548. Su casa pertenecía a Ferrocarriles del Estado, afirma Gilberto Loch, jefe del grupo investigador que encontró el parte policial de la época que indicaba su dirección y datos familiares, por eso se cree que trabajaba para esta empresa. La investigación no corroboró que se tratara de un convaleciente de tuberculosis, aunque era muy posible en esa época, y no se encontraron registros, aunque sí hay antecedentes históricos de que muchos provincianos que sufrían esta enfermedad fueron asaltados en las peligrosas calles cercanas de la estación mientras esperaban su tren.

La PDI ha recuperado una fotografía de Romualdito desde el informe de autopsia, mediante software se logró 'abrir' sus ojos.

Adaptado de Adaptado de https://es.wikipedia.org/wiki/Animita_de_Romualdito

UNIDAD 7

¡Cuidado con el tono!

AUDIO 9

1. En la casa:

Madre: ¡Cristina, deja de jugar y haz las tareas!

Cristina: Sí, sí, mamá. Espérame un poquito.

2. En una clase de español:

Alumna: Profe, no entiendo la tarea. Explíqueme una vez más, por favor.

Profesor: Por supuesto, ningún problema. Ven, Ven, acércate. Mira, lee bien las instrucciones. Busca la oración que tiene algún error y corrígela.

3. En una heladería

Cliente: ¡Hola! No sé qué helado comer. ¿Puedo probar algunos sabores?

Vendedora: ¡Pero claro!, pídame nomás.

Cliente: Recomiéndeme usted mejor, usted debe ser experta.

Vendedora: Ok. Mire, pruebe el de chocolate suizo, el de lúcuma-manjar y el de avellanas. Tome, pruebe, pruebe.

SOLUCIONARIO

UNIDAD 1

1.1. ¿Sabes cómo se dice en Chile?

Palta / Frutilla / Damasco / Porotos verdes

1.2. Reflexionando sobre la cultura chilena. Ahora que has revisado algunas formas de nombrar frutas y vegetales en Chile, vamos a ver qué tanto sabes sobre algunos aspectos culturales. ¿Qué sabes de los chilenos? Responde este mini test y luego compara con las respuestas de tus compañeros y comenta.

a. b
b. b
c. b

1.5. A ver si recuerdas. ¿Cuáles son los infinitivos de los verbos subrayados? ¿Los verbos son regulares o irregulares? ¿Cómo se conjugan? ¿Cuál es la diferencia entre "ir" e "irse"?

a.   Contraer. Verbo irregular
b.   Conseguir. Verbo irregular
c.   Tener. Verbo irregular
d.   Irse. Verbo irregular
e.   Graduarse. Verbo regular

2. ¿Conoces estos países? ¿Sabes qué lugares de ellos son más visitados?

Respuestas sugeridas

Argentina: Buenos Aires, Glaciar Perito Moreno
México: Ciudad de México, la Rivera maya; las pirámides
Colombia: Bogotá, San Andrés, Cartagena de Indias
Uruguay: Montevideo, Colonia, Punta del Este
Brasil: Río de Janeiro, Sao Pablo, Fox de Iguazú
Bolivia: La Paz, Salar de Uyuni

2.1. ¡Aló Latinoamérica! A continuación, vas a escuchar a cinco chilenos que van a contarnos qué país de América Latina quieren conocer y por qué. Completa el cuadro con la información. Audio 1

Adrián: Argentina porque tengo un amigo que vive allá y siempre me dice que es una ciudad muy hermosa.

José: Perú para visitar las ruinas de Machu Picchu y probar la comida típica.

Carla: México por sus carnavales y fiestas.

Sofía: Uruguay porque quiero conocer Colonia de Sacramento, porque es una de las ciudades más antiguas de Sudamérica y es magnífica.

Teresa: Ecuador para estar realmente en la mitad del mundo. También quiero viajar allí por su comida y su cultura.

2.2. ¿Y tú? ¿Qué países de Latinoamérica quieres conocer? ¿Por qué? Completa poniendo atención a la gramática.

Respuestas sugeridas

1. Yo quiero conocer Colombia *porque tengo* un amigo allá.
2. Yo tengo ganas de visitar Perú *para ver* las ruinas incas.
3. Yo tengo ganas de ir a Bolivia *por el carnaval*.

2.4. Revisemos vocabulario relacionado con viajes. Pon a las palabras el artículo definido que corresponde.

1. *La* maleta
2. *Los* equipajes
3. *El* mapa
5. *Los* pasajes
6. *El* aeropuerto
7. *Las* fotos
8. *La* estación de tren
9. *El* programa de viaje
10. *El* viajero
11. *El /La* tripulante

2.6. Conociendo el género de los nombres

a. *El* aroma / *la* mesa / *el* idioma / *el* clima / *la* silla / *el* fantasma / *el* sofá / *la* cama / *la* crema / *el* planeta / *el* día / *el* problema / *la* luna

b. *la* micro / *el* puerto / *la* radio / *el* codo / *la* mano / *el* barco / *la* moto / *el* lago

c.   profesora / amiga / hermana / doctora

d.   actor / poetisa / macho / mujer / yerno / madrina

2.8. Un poco de lo mío. Completa con información de tu país.

Respuestas sugeridas

1.   Mi país *es* Chile.
2.   Mi país *está* en América del Sur.
3.   Mi país *tiene* muchas montañas.
4.   En mi país *hay* varios volcanes.
5.   En mi país no *hay* elefantes.

3.1. ¡Unos buenos datos! Ahora, vas a escuchar un audio. ¿Qué consejos da Carolina? Audio 2

Consejos para la salud:
1.   masticar hojas de coca
2.   beber mucha agua, comer siempre comidas livianas y caminar tranquilamente
3.   usar protector solar todos los días

Otras recomendaciones:
1.   ir mínimo por cuatro días y alojar cerca del centro

3.3. ¡Vamos a practicar el futuro perifrástico! Completa con la forma ir + a + verbo infinitivo.

a.   voy a estudiar
b.   vamos a viajar
c.   va a entregar
d.   se va a caer / va a caerse
e.   se va a dormir / va a dormirse
f.   se va a quedar / va a quedarse

3.4. ¡A ver si recuerdas! ¿Qué hacen estas personas? Utiliza verbos reflexivos en presente.

a.   se bañan
b.   se seca el pelo
c.   se lava / se cepilla los dientes

AUTOEVALUACIÓN UNIDAD 1

1. Completa la siguiente descripción de la Plaza de Armas de Santiago, con "es/son", "hay" o "está/n". (10 puntos)

1.   está
2.   están
3.   hay
4.   hay
5.   están
6.   son
7.   hay
8.   hay
9.   hay
10. son

2. Escribe el artículo correcto y un adjetivo para las siguientes palabras. (24 puntos)

a.   la + adjetivo terminado en "a", "ora", "e", "ista" o en consonante
b.   el + adjetivo terminado en "o", "or", "e", "ista" o en consonante
c.   el + adjetivo terminado en "o", "or", "e", "ista" o en consonante
d.   la + adjetivo terminado en "a", "ora", "e", "ista" o en consonante
e.   el + adjetivo terminado en "o", "or", "e", "ista" o en consonante
f.   el + adjetivo terminado en "o", "or", "e", "ista" o en consonante
g.   el + adjetivo terminado en "o", "or", "e", "ista" o en consonante
h.   la + adjetivo terminado en "a", "ora", "e", "ista" o en consonante
i.   el + adjetivo terminado en "o", "or", "e", "ista" o en consonante
j.   la + adjetivo terminado en "a", "ora", "e", "ista" o en consonante
k.   la + adjetivo terminado en "a", "ora", "e", "ista" o en consonante
l.   el + adjetivo terminado en "o", "or", "e", "ista" o en consonante

3. Clasifica los siguientes adjetivos según su género. (14 puntos)

Masculino: trabajador, creativo, justo
Femenino: generosa, colaboradora, colorida
Maculino y Femenino: gentil, puntual, amable, optimista, elegante, sociable, leal

4. Responde: ¿cómo crees que va a ser la vida de Lucía en cinco años? Utiliza las siguientes informaciones para construir frases en futuro con la forma ir + a + infinitivo (6 puntos)

Respuestas sugeridas

1.   Creo que en cinco años Lucía va a recibir un diploma universitario.
2.   Creo que Lucía va a encontrar un buen trabajo.
3.   Creo que Lucía va a tener un hijo.
4.   Creo que Lucía va a conocer otros países.
5.   Creo que Lucia va a vivir en una casa nueva.

5. Identifica las oraciones incorrectas y corrígelas. (6 puntos)

2.   me lavo **mis** manos frecuentemente (me lavo **las** manos frecuentemente.).
4.   me duelen **mis** piernas (me duelen **las** piernas.).
6.   ¿te cepillaste **tus** dientes? (te cepillaste **los** dientes.).

UNIDAD 2

1.1. Aprendamos nuevas palabras

En el texto aparecen varias palabras que posiblemente sean nuevas para ti. Junto a un compañero trata de descubrir, ayudado por el contexto, qué significa la palabra. Busca un sinónimo y escribe una oración.

Respuestas sugeridas

1.   **Honrar:** respetar a alguien, dar honor. **Respetar**
2.   **Patrona:** santo titular de un templo. Santo elegido como protector de un pueblo o una congregación religiosa o civil. **Deidad protectora**
3.   **Cofradía:** gremio, compañía o unión de gente para un fin determinado. **Hermandad**
4.   **Diablo:** En la tradición judeocristiana, príncipe de los ángeles revelados contra Dios, que representa el espíritu del mal. **Demonio**
5.   **Altiplánica:** Perteneciente o relativa a un altiplano: meseta de mucha extensión situada a gran altitud. **Meseta**
6.   **Máscara: careta**
7.   **Pampina:** Dicho de una persona: que trabaja en la pampa salitrera o se sitúa en la pampa. **Campesino del norte**

1.2. Los presentes irregulares del indicativo. En el texto anterior hay también, algunos verbos en negrita ¿Por qué están destacados? ¿Cómo se conjugan? Completa el cuadro.

Hacer: hago, haces, hace, hacemos, hacéis, hacen
Tener: tengo, tienes, tiene, tenemos, tenéis, tienen
Venir: vengo, vienes, viene, venimos, venís, vienen
Ir: voy, vas, va, vamos, vais, van
Vestir: visto, vistes, viste, vestimos, vestís, visten
Oír: oigo, oyes, oye, oímos, oís, oyen

1.4. ¡A ver si me acuerdo bien! Completa las oraciones con los siguientes verbos conjugados en presente. ir, llevar, mirar, escuchar, querer, tomar, vivir, abrir, perder, preferir

1. Jorge *pierde* mucho dinero en los juegos.
2. Julia y José *van* a la escuela cada día.
3. Los hijos *miran* las fotografías de las vacaciones.
4. Mauricio *abre* la puerta con mucho cuidado.
5. Los niños *prefieren* ir al zoológico en lugar del museo.
6. Rosalía *toma* un taxi.
7. Nosotros *vivimos* en Chile.
8. Yo *quiero* un té.
9. Carolina *lleva* los documentos al banco.
10. Ellos *escuchan* música todo el día.

2. La Vendimia

Francisco y Gloria son fanáticos del vino. Les gusta mucho tomar vino y saben mucho sobre distintas cepas y viñas. Este otoño ellos están en Santiago y tienen planes para visitar una viña durante la vendimia. Escucha su conversación y completa el diálogo. Audio 3

Gloria: Francisco, tengo muchas ganas de ir a una viña o a un pueblo para ver cómo se celebra la vendimia, ¿quieres ir conmigo?

Francisco: Sí, por supuesto. Es más, yo ya tengo planes. *Iré* a San José de Maipo. Ahí se *celebrará* la próxima semana.

Gloria: ¡Fantástico! ¿Sabes qué *harán* para celebrarla?

Francisco: Las diferentes viñas que hay en la zona se *juntarán* en la plaza. Cada una *tendrá* un puesto en el que *ofrecerá* su vino a los turistas.

Gloria: Me parece muy bien, pero pienso que *será* caro...

Francisco: No sé cuánto *costará* este año, pero sé que existen diferentes precios dependiendo de cuantas copas de vino quieres comprar.

Gloria: Eso está muy bien, ¡el problema es que *querré* muchas copas!

Francisco: ¡Salud por eso!

2.1. El futuro imperfecto

Probablemente ya conoces la forma ir + a +infinitivo para hablar del futuro (Ejemplo: voy a ir a la vendimia). Esa forma se usa principalmente para hablar sobre planes que pronto voy a realizar. Pero hay otra forma, que se llama futuro imperfecto, que es la que escuchaste en el diálogo. Todas las terminaciones se conjugan igual.

FUTURO IMPERFECTO REGULAR		
	-AR	*-ER*	*-IR*
Yo	*juntaré*	ofreceré	iré
Tú	juntarás	*ofrecerás*	*irás*
Él/Ella/Usted	juntará	ofrecerá	*irá*
Nosotros/as	*juntaremos*	ofreceremos	*iremos*
Vosotros/as	juntaréis	ofreceréis	iréis
Ellos/Ellas/Ustedes	juntarán	*ofrecerán*	*irán*

Hay algunos verbos que son irregulares. Dentro de los más usados están los que se presentan a continuación. Junto con tu compañero descubre cómo se conjugan y crea una oración para cada uno.

1. Querer: querré / querrás / querrá / querremos / querréis / querrán
2. Hacer: haré / harás / hará / haremos / haréis / harán
3. Decir: diré / dirás / dirá / diremos / diréis / dirán
4. Tener: tendré / tendrás / tendrá / tendremos / tendréis / tendrán
5. Saber: sabré / sabrás / sabrá / sabremos / sabréis / sabrán
6. Haber: habré / habrás / habrá / habremos / habréis / habrán
7. Poner: pondré / pondrás / pondrá / pondremos / pondréis / pondrán
8. Poder: podré / podrás / podrá / podremos / podréis / podrán
9. Salir: saldré / saldrás / saldrá / saldremos / saldréis / saldrán
10. Valer: valdré / valdrás / valdrá / valdremos / valdréis / valdrán
11. Venir: Vendré / vendrás / vendrá / vendremos / vendréis / vendrán
12. Caber: cabré / cabrás / cabrá / cabremos / cabréis / cabrán

2.2. Practiquemos

Completa con la forma correcta del futuro.

1. Mañana en la tarde tú *irás* al sur.
2. Mis amigas y yo *miraremos* un espectáculo en el teatro.
3. El próximo fin de semana nosotros *tomaremos* un trago en el pub.
4. La semana que viene yo *tendré* tiempo para visitarte.
5. El miércoles mi pololo *pondrá* el cuadro en la pared.
6. Esta noche ellos te *escribirán* una carta.
7. *¿Habrá* una fiesta mañana en la noche en tu casa?
8. Yo no *pensaré* en eso por un largo tiempo o *me volveré* loco.
9. Mañana por la mañana tú *harás* todas mis tareas.
10. Tú me *querrás* para siempre.
11. Mi mamá me *traerá* mi vestido pasado mañana.
12. Nosotros *practicaremos* español el próximo verano en Chile.
13. En dos años más yo *hablaré* perfecto español.
14. Ellas no *creerán* mi historia, es demasiado fantástica.
15. No tienes que poner el jarrón ahí, porque seguro que los niños lo *romperán*.

3.3. ¡Y ahora, vamos a reconocer! Identifica el complemento indirecto.

1. Fernando le compra un regalo a Cecilia.   CI: Cecilia
2. Mi mamá me puede dar un dulce.   CI: yo
3. Miguel le da la comida a su perro.   CI: su perro
4. Hugo le presta su libro a Jaime.   CI: Jaime
5. Cristina te tiene que escribir una carta.   CI: tú

3.4. ¿Entendí bien? Completa con el pronombre de complemento indirecto necesario.

1. Yo *le* doy a Juan un regalo.
2. Ellos *le* escriben una carta a María.
3. Mi mamá *me* compró mucha ropa a mí.
4. Los niños *les* dicen la respuesta a sus profesoras.
5. Francisco *me* entrega los chocolates que me prometió.
6. Marcia *te* cuenta la verdad a ti.
7. Daisy *le* preparará la comida a su mamá.
8. Nuestros amigos *nos* traen muchos regalos a nosotros.

AUTOEVALUACIÓN UNIDAD 2

1. Completa con la forma correcta del verbo irregular en presente. (8 puntos)

1.   Yo _quiero_ visitar La Tirana algún día.
2.   Ella no es buena persona, siempre _miente_.
3.   Francisco _duerme_ con la boca abierta, ¡es muy divertido!
4.   Mis hijos, al llegar de la escuela, _juegan_ en lugar de hacer sus tareas.
5.   Nosotros generalmente _contamos_ historias de terror en las fogatas en la playa.
6.   Tú nunca _envuelves_ los regalos, a mí me gusta abrir los paquetes.
7.   Cada día en Chile, las empresas inmobiliarias _construyen_ muchos edificios.
8.   Yo siempre _sigo_ los consejos de mi madre.

2. Ubica los verbos en la tabla según su irregularidad. (15 puntos)

apretar, competir, morir, volver, morder, mentir, defender, florecer, conseguir, parecer, almorzar, llover, reír, seguir, dormir

Pienso: apretar, mentir, defender
Poder: morir, volver, morder, almorzar, llover, dormir
Pedir: competir, conseguir, reír, seguir
Conocer: florecer, parecer

3. Completa con la forma correcta de los verbos en futuro. (9 puntos)

Este fin de semana _iré_ a la nieve, al sur de Chile, a Chillán. Ahí _tendré_ que tomar clases de esquí, porque no sé esquiar. También _arrendaré_ esquíes y botas, porque no tengo. Pienso que _podré_ aprender rápido, eso espero.
Mis amigas también _vendrán_ con sus familias. Por la tarde yo _haré_ chocolate caliente en nuestro refugio, para pasar el frío.
Me _pondré_ ropa muy gruesa, porque no quiero congelarme. Creo que por la noche nosotros no _saldremos_ a ningún lugar y nos _quedaremos_ jugando cartas o juegos de mesa.

5. Completa con el pronombre indirecto correcto.

1.   Héctor envía un e-mail cada semana. Él _nos_ envía un e-mail a nosotros para mantener el contacto.
2.   Borja compra dulces para sus hijos. Él _les_ compra dulces, aunque sabe que no es saludable.
3.   La mujer corta el pelo. La mujer _me_ corta el pelo a mí, es peluquera.
4.   El profesor enseña español. Él _les_ enseña español a los estudiantes extranjeros.

5. Margarita compra un libro de arte para su amada hija Ignacia. Ella *le* regala el libro para su cumpleaños

6. Tú cortas la torta y *les* repartes a todos los invitados.

7. La peluquera se reúne con la novia. Ella *le* hace un peinado a la novia para el día de su boda.

8. Los carabineros no tienen nueva información sobre la abuela. Ellos no *nos* dan nueva información a nosotros.

9. Rodrigo ayuda a Beto. Él *le* explica matemáticas.

10. Nicolás escucha el problema de Catalina. Él puede dar*le* la solución a Catalina.

UNIDAD 3

1. ¡Esas costumbres con la familia! Escucha la conversación entre estos dos amigos. Luego contesta las preguntas de comprensión. AUDIO 5

1. Ir el domingo a Aguas de Ramón para hacer trekking.
2. No puede porque tiene una junta familiar.
3. Se reúne con su familia.
4. Dice que no se juntan mucho, pero que cada año nuevo comen pastel de choclo.

3.1. Transforma los siguientes infinitivos en participios.

1. Tomar ❯ tomado

2. Viajar ❯ viajado

3. Esperar ❯ esperado

4. Beber ❯ bebido

5. Recibir ❯ recibido

6. Pedir ❯ pedido

7. Elegir ❯ elegido

3.2. Utiliza ahora los participios del ejercicio anterior para hacer oraciones en pretérito perfecto.

1. Fernando *ha tomado* mucho café hoy.
2. Rosa y Nora *han viajado* por varios lugares del sur.
3. Yo *he esperado* a mis amigos alrededor de media hora.
4. Hasta ahora, nosotros *hemos bebido* un vaso de pisco sour.

5.   Tú *has recibido* varios correos electrónicos esta semana.
6.   Sergio y tú *han pedido* comida a domicilio cada noche.
7.   Siempre *he elegido* sentarme al lado de la ventana.

4.1. Completas más oraciones sobre Carmen y su familia, usando la forma anterior.

1.   Todos los días jueves lavamos la ropa.
   • *hemos lavado* la ropa todos los días jueves por mucho tiempo.
2.   Siempre recordamos al tío Raúl durante la cena de Navidad.
   • Siempre *hemos recordado* al tío Raúl en Navidad, desde que ya no está con nosotros.
3.   Todas las noches del lunes, leemos un cuento.
   • *hemos leído* un cuento ese día de la semana por más de un año.

4.3. Reformula la siguiente información como en los ejemplos.

Respuestas sugeridas

1.   Dave ha vivido en Santiago durante 3 años.
2.   Mi familia ha tenido una tienda de ropa durante 5 meses.
3.   Román y Martín han practicado tenis durante 4 días.
4.   Marta ha estado en la oficina durante 9 Hrs.

4.5. Responde de acuerdo con las preguntas.

Respuestas sugeridas

1.   ¿Desde cuándo aprendes español?
   Desde el año pasado
2.   ¿Desde hace cuánto tiempo no vives con tus padres?
   Desde hace 3 años
3.   ¿Desde cuándo asistes a la universidad?
   Desde el año 2018
4.   ¿Desde hace cuánto tiempo tienes tu teléfono celular?
   Desde hace 7 meses

5.1. Usa los participios de los verbos de la lista anterior y las frases del recuadro, para hacer oraciones como en el ejemplo. Hay más de una opción.

Respuestas sugeridas
1.   Yo he visto esa película dos veces.

2.   Mi madre ha hecho una docena de empanadas.
3.   Tu hermana a puesto la misma canción toda la tarde.
4.   Mi padre me ha dicho esa historia un millón de veces.
5.   Ernestina ha roto varias fotos de su ex pololo.
6.   Mis amigos han vuelto a Chile cada verano.
7.   Todavía no han abierto la puerta del supermercado.
8.   Mi abuelo ha muerto.
9.   Todavía no han descubierto el resultado.

6.3. ¡Siempre hay reflexivos! Atención, si el verbo es reflexivo los pronombres van ANTES del verbo. Mira los ejemplos del cuadro y luego completa los ejercicios.

1.   Él *se ha levantado* temprano.
2.   Tu hermana *se ha maquillado* bien.
3.   Normalmente *nos hemos acostado* tarde.

7.1. Completa con los pronombres correctos según el contexto.

1.   Todavía *nadie* sabe que me iré de intercambio. Es un secreto.
2.   Creo que tengo *algo* en el estómago, me duele mucho.
3.   Tienes que contarle a *alguien* tus problemas.
4.   No te preocupes, no hay *nada* incorrecto en tu prueba.

7.2. Completa con los adjetivos correctos según el contexto.

1.   No puedo salir porque tengo *algunas* cosas que hacer todavía.
2.   Necesito *algún* tiempo para organizarme, ¿puedes esperarme un día más?
3.   Estoy feliz. Pude comunicarme sin *ningún* problema.
4.   No hay *ninguna* situación complicada, solo debes relajarte.

7.3. ¡Una pequeña práctica! Completa las oraciones con el pronombre o adjetivo indefinidos que correspondan.

1.   Todavía no he hecho *ninguna* tarea porque siempre tengo *algo* que hacer en casa.
2.   ¿Hay *algo* que no entiendas? Yo puedo darte *algunas* ideas.
3.   ¿*Alguna* vez, has sentido que *nadie* te entiende?
4.   Ahora estoy tranquila, pero *algunos* días siento que *nada* ni *nadie* puede calmarme.
5.   *Algún* día, voy a viajar por todo el mundo.

10.1. Reemplaza los objetos directos por los pronombres adecuados según el ejemplo.

1.	Tú regalas los libros.	❯	Tú *los* regalas.
2.	Ellos dejan el paquete en el correo.	❯	Ellos *lo* dejan en el correo.
3.	¿Compras el queso que te gusta.	❯	*Lo* compras.
4.	Él describe la situación.	❯	Él *la* describe.
5.	Tú dices la verdad.	❯	Tú *la* dices.
6.	Ella envía dos mensajes.	❯	Ella *los* envía.
7.	Tú das un beso a tus hijos	❯	Tú *lo* das a tus hijos.
8.	Carlos cuenta un secreto.	❯	Carlos *lo* cuenta.
9.	Nosotros arrendamos una casa.	❯	Nosotros *la* arrendamos.
10.	Ellos escuchan canciones románticas.	❯	Ellos *las* escuchan.

10.2. Acepta o rechaza la petición, usando objetos según el ejemplo. Recuerda conjugar el verbo.

1.	¿Puedes servir el café?	❯	Bueno, yo lo sirvo.
2.	¿Puedes comprar queques para la once?	❯	No, yo no los compro.
3.	¿Puedes limpiar las habitaciones?	❯	Sí, por supuesto, las limpio.
4.	¿Puedes preparar ensalada?	❯	Claro que sí, yo la preparo.
5.	Puedes apagar el computador	❯	No, para nada, yo no lo apago.

10.4. ¡Recuerdos de los abuelos! La familia de Anita ha heredado muchos objetos de sus abuelos. Hoy, están conversando para decidir qué van a hacer con ellos. Escribe ideas como en los ejemplos.

Respuestas sugeridas.

1. La caja de música podemos ponerla en la sala.
2. El mapa antiguo podemos darlo a una escuela.
3. El violín del abuelo podemos guardarlo en la casa.
4. Las llaves viejas podemos donarlas a un museo.
5. La máquina de coser podemos regalársela a la tía rosa.
6. El mueble familiar podemos dejarlo en mi casa.
7. Las herramientas del abuelo podemos pasarlas al tío Valericio.
8. Los libros de la abuela podemos guardarlos en la biblioteca.
9. Las cartas de la abuela podemos repartirlas entre todos.
10. El baúl del abuelo quiero guardarlo yo.

11.1. Responde las preguntas según el modelo, ahora hablando de personas.

1. ¿Ves al chico? ❯ Sí, *lo* veo.
2. ¿Está esperando a su padre? ❯ Sí, *lo* estoy esperando.
3. ¿Visitamos hoy a los abuelos? ❯ Sí, *los* visitamos.
4. ¿Llama usted a su amiga? ❯ Sí, *la* llamo.
5. ¿Vas a mirarme a mí? ❯ Sí, *te* voy a mirar.
6. ¿Van a invitar a las chicas? ❯ Sí, *las* vamos a invitar.
7. ¿Isabel va a llamarte a ti? ❯ Sí, *te / me* va a llamar.
8. ¿Comprende usted a su hija? ❯ No, no *la* comprendo.
9. ¿Ellos echan de menos a nosotros? ❯ No, no *nos* echan de menos.
10. ¿Usted se critica a sí mismo? ❯ No, no *me* critico.

AUTOEVALUACIÓN UNIDAD 3

1. Escribe una pregunta para cada respuesta, usando desde cuándo y desde hace cuánto. (5 puntos)

Respuestas sugeridas

1. *¿Desde cuándo estás en Chile?*
    Desde el año pasado
2. *¿Desde hace cuánto que estudias español?*
    Hace 3 meses
3. *¿Desde hace cuánto que estás resfriado?*
    Hace 5 días
4. *¿Desde cuándo que vives sola?*
    Desde el 3 de enero
5. *¿Desde hace cuánto rato me estás esperando?*
    Aproximadamente 2 horas

2. Lee la siguiente historia y completa con el tiempo verbal PRESENTE SIM-PLE O PRETÉRITO PERFECTO, según el contexto. (16 puntos)

Quiero contarte sobre mi amiga Silvia, una amiga que *he tenido* por más de 3 años. Ella vive en Santiago y *trabaja* en la Universidad. Silvia *ha vivido / vive* en la capital desde los años 90, pero ella *es* originalmente de La IV Región de Chile. Por eso, como rutina, cuando *tiene* tiempo *viaja* a su pueblo natal para descansar y ver a su padre que todavía *vive* ahí.

Yo le *pregunto / he preguntado* si alguna vez ella *ha querido* volver a vivir allá, pero me *dice / ha dicho* que durante todos estos años, las experiencias que *ha tenido* en Santiago no *han sido* malas, al contrario, así que por ahora, *prefiere / ha preferido* vivir acá y seguir viajando a su pueblo los fines de semana, como lo *ha hecho* todo este tiempo.

3. Completa las conversaciones con los PRONOMBRES y ADJETIVOS POSESIVOS correspondientes. (9 puntos)

1.

- ■ ¿*Alguna* vez has viajado en un crucero?
- ◆ ¡No, nunca! Eso es *algo* que todavía es un sueño para mí.

2.

- ■ ¡Qué hambre! ¡Todavía no he podido comer *nada*!
- ◆ *Hay* algunos chocolates en el cajón del escritorio. Elige *alguno* de ellos.

3.

- ■ Creo que hay *alguien* afuera, pero no puedo ver su cara.
- ◆ Enciende la luz de la entrada para poder ver, yo no veo a *nadie*.

4.

- ■ ¿Sabes donde está Rubén? No he tenido *ninguna* noticia sobre él.
- ◆ No, tampoco he sabido de él. Y no tengo *ningún* teléfono de contacto para llamarlo.

4. Completa el siguiente diálogo de restaurante, reemplazando los objetos directos por sus pronombres. (11 puntos)

- ■ Buenas noches, Señor, ¿quiere ver el menú?
- ◆ Sí, gracias, *lo* quiero ver.
- ■ Muy bien, *lo* traeré inmediatamente.
- ◆ Disculpe, mientras miro el menú, quiero tomar una bebida gaseosa.
- ■ Bien, señor, voy a traer*la* también.

Después...

- ■ ¿Quiere pedir ya su cena, señor?
- ◆ Sí, quiero pedir*la*. Quiero comer pescado.
- ■ ¿Y con qué quiere acompañar*lo*?
- ◆ Con ensalada. ¿Tiene todos los tipos que están en el menú?

- ■ Sí, *los* tenemos todos.
- ◆ Bien, entonces quiero mi ensalada con tomate, palta y palmitos.
- ■ Entiendo, ¿y el pescado *lo* quiere al horno o frito?
- ◆ *Lo* quiero al horno. Ah, y la ensalada, por favor no *la* quiero en el mismo plato.
- ■ No hay problema, Señor. En seguida traigo su pedido.

....

- ■ Acá está su pedido. Qué disfrute su comida. Si necesita algo, puede llamar*me*.
- ◆ Bueno, gracias. Ah, disculpe, puede traerme vino blanco, por favor.
- ■ Claro, *lo* traigo inmediatamente...

UNIDAD 4

1.1. Algo de vocabulario ¿Qué significan estas palabras en el contexto? Haz tu hipótesis y coteja con tu profesor/a.

VERBOS	SUSTANTIVOS	ADJETIVOS
Capear: *evadir, evitar*	Bloqueador: *protector solar*	Fome: *aburrido*
Arder: *quemar, irritar*	Pila: *batería*	
Tiritar: *temblar*	Lápiz pasta: *bolígrafo*	
Gastar: *agotar*		
Dar por: *insistir en algo*		
Cargarle algo a alguien: *molestarle*		

1.5. Usamos *mientras*, para indicar acciones simultáneas y *soler* para acciones que se repiten. Escribe junto a cada imagen una oración con *mientras* o *soler*.

1. El niño suele ir al colegio en la mañana.
2. Mientras un hombre limpia los vidrios, la mujer arriba riega las plantas.
3. Esa persona suele ir a la iglesia todos los domingos.
4. Mientras esa persona va a la iglesia, la otra va al casino de juegos.

1.6. Ubica cada una de las oraciones en el cuadro que le corresponde.

Acción habitual o repetida 

Acciones que ocurren simultáneamente 

2.1. Vocabulario. ¿Qué significan estas palabras en el contexto? Haz tu hipótesis y coteja con tu profesor.

Respuestas sugeridas

VERBOS	SUSTANTIVOS	ADJETIVOS
Estropearse: *arruinarse, echarse a perder, no funcionar* Correr a perderse: *huir para esconderse*	Once: *merienda de media tarde en Chile* Matas de pasto: *pedazos de césped* Mocosos: *niños*	De miércale: *expresión para referirse mal a una persona*

AUTOEVALUACIÓN UNIDAD 4

2. Completa con ser o estar o el verbo indicado, en el tiempo correcto, según corresponda. (12 puntos)

1. Cuando yo *era* menor me *gustaba* salir a comer comida chatarra. Yo creía que era la mejor comida del mundo.

2. Ahora no *creo* en los fantasmas, pero cuando *era* niño, no *podía* dormir durante la noche, porque *pensaba* que en mi casa *estaba* el fantasma de mi bisabuelo.

3. Ayer *fui* a mi trabajo, como todos los días, pero el tráfico *era* terrible. *Era* muy difícil avanzar en el auto y todos *parecían* locos, mientras *tocaban* la bocina sin parar.

4. Completa con el adverbio que corresponde para ordenar las ideas. (8 puntos)

Respuestas sugeridas

1. Primero, me duché con agua bien fría, *luego* me sequé, pero *después* me vino un resfriado atroz. *Finalmente* tuve que quedarme en cama toda la semana.

2. Sigue estos pasos para hacer un pebre a la chilena:

Antes que nada, compra verdura muy fresca, *luego* pica los tomates, la cebolla y el ají verde en cuadritos muy pequeños. *Después*, agrega sal, aceite y jugo de limón. *Finalmente* revuelve todo y cómelo con choripán o sopaipillas.

3. ¡No soporto a Marta! *Primero* me dice que la ayude con su trabajo, *luego* me dice que haga todo su trabajo y *después* no me da ni las gracias.

UNIDAD 5

1.3. ¿Cómo se conjuga? Clasifica los verbos que están en negrita en los textos anteriores en las siguientes columnas para descubrir cómo se conjugan. Debes escribirlos como aparecen en los textos.

Verbos terminados en -AR	Verbos terminados en -ER	Verbos terminados en -IR
Caminé...	Bebí	Vivió
Tomé (x2)	Conocí (x2)	Escribió
Visité	Vimos	Subí
Ganó	Comimos (x2)	Subimos
Disfruté	Llovió	Salió
Viajé (x2)		Viví
Tomamos		Recibieron
Nos quedamos		Me sentí
Prepararon		
Llegué		
Nevó		
Visitamos		
Enseñó		
Nos relajamos		

1.4. Completa las siguientes frases con el verbo conjugado de la manera correcta.

1. Jorge y Karla *llegaron* a Chile el año pasado.
2. Ella *tomó* el bus para visitar la ciudad.
3. En el restaurante, tú primero *pediste* un pisco sour, luego *ordenaste* el plato de fondo, después *preguntaste* por el postre y finalmente *solicitaste* la cuenta.
4. La semana pasada usted *probó* cochayuyo en la playa.
5. ¿Cuándo *ganó* el Nobel de literatura Gabriel Mistral?
6. Esta mañana, para llegar a la escuela, primero *tomé* la micro, luego *llegué* a la estación y allí *me subí* al metro.

2.2. ¡A clasificar! A continuación, tienes un grupo de verbos irregulares, debes clasificarlos en uno de los grupos que se presentan a continuación.

Verbos que en tercera persona la *e* cambia a *i*
> Seguir, Mentir, Preferir, Reír, Divertirse, Freír, Vestirse, Conseguir, Corregir, Convertirse, Herir, Elegir, Sonreír

Verbos que en tercera persona la *o* cambia a *u*
> Morir

Verbos terminados en *-gar*, que en primera persona es irregular
> Jugar, Colgar

Verbos terminados en *-guar*, que en primera persona es irregular
> Averiguar

Verbos terminados en *-car*, que en primera persona es irregular
> Atacar, Buscar

Verbos terminados en *-zar*, que en primera persona es irregular
> Alcanzar, Comenzar

Verbos terminados en *-ucir*
> Producir, Conducir, Introducir, Reducir

Verbos terminados en Vocal + *-er / ir*
> Caer, Construir, Destruir, Influir, Incluir, Poseer, Oír

2.5. ¡Vamos a practicar! Conjuga los verbos entre paréntesis en pretérito indefinido, recuerda que puede haber algunos irregulares.

1. Ayer *averigüé* el lugar donde *estuvo* la casa del rey de la Araucanía.
2. Anteayer mi hermano *se divirtió* leyendo la historia del rey de la Araucanía.
3. Anoche ellos me *dijeron* la historia real del Teniente Bello.
4. El otro día mis padres *fueron* al museo de Violeta Parra.
5. Hace dos meses ellos *tradujeron* la historia de Eloísa Díaz al chino, para conocer sobre su historia.
6. El año 2010 muchos presos *huyeron* de la cárcel, cuando *ocurrió* el terremoto.
7. La semana pasada mis padres *condujeron* por la costa, visitando la ruta de los poetas.
8. El lunes pasado *estuve* en el museo de la memoria, y me *pareció* muy sobrecogedor.
9. El verano pasado mi hermano *vino* a Chile y *visitó* muchos museos.
10. En 1995 Marta *construyó* este edificio.

3. Y tú, ¡andas más perdido que el Teniente Bello! Ahora veremos otras historias de personajes famosos. Completa con los verbos en pasado. (Los verbos pueden ser regulares o irregulares).

El Chinchinero

El Chinchinero *nació* en la Región Metropolitana. Don Lázaro Kaplán *fue* quien *comenzó* esta tradición en la década de 1920, su función era *acompañar* al organillo con el chinchín y el bombo. Don Héctor *inventó* el baile del chinchinero a fines de la década del 30. Otros personajes *acompañaron* al organillero en esa época, como el fotógrafo, el suplementero, el afilador de cuchillos y el farolero que indicaba la hora.

El Teniente Bello

El Teniente Bello *fue* el precursor de la aviación chilena. El 9 de marzo de 1914 *inició* un vuelo para renovar su permiso, pero después de unos minutos de salir, el radar *perdió* contacto con su avión y hasta el día de hoy no se sabe exactamente qué *pasó*.

El Gobierno y los chilenos *intentaron* buscarlo, pero no *tuvieron* éxito. El Teniente Bello simplemente *se desvaneció* en el aire junto con su avión.

Una de las teorías que los periódicos de la época *dijeron* es que *fue* una abducción de extraterrestres. El Gobierno *envió* muchos aviones para buscar al Teniente, pero estos aviones *tuvieron* que regresar a la base debido a la poca visibilidad.

Esta historia *dio* origen a la frase: "estás más perdido que el Teniente Bello", pues es el primer aviador que se pierde en Chile.

Toma en cuenta

Ejercicio: Completa con primer o primero.

1. Mis padres me dijeron que el *primer* chileno en volar por los Andes fue…, pero me mintieron, porque ayer leí un libro de historia y el *primero* fue …

Completa con tercer o tercero.

2. Escuché que el *tercer* viaje del Teniente Bello fue para visitar el norte, pero ayer me dijeron que el *tercero* fue para visitar el sur.

4.2. ¡Vamos a comer y tomar! En el texto que leímos anteriormente conocimos la historia del Rey del mote con huesillo. A continuación, vamos a conocer nombres de más comidas y bebidas típicas de Chile y vamos a practicar los pronombres posesivos. Transforma las frases según el ejemplo. Puedes averiguar más sobre alguna de ellas para comentar en la clase.

1. Esa piscola es *tuya*.
2. Estos terremotos son *suyos*.
3. Ese chilenito es *suyo*.
4. Esas tortas curicanas son *suyas*.
5. Esta empanada es *suya*.
6. Esa humita es *tuya*.
7. Ese pastel de choclo es *nuestro*.
8. Esa sopaipilla con pebre es *suya*.
9. Estas colas de mono son *nuestros*.

AUTOEVALUACIÓN UNIDAD 5

1. Completa las siguientes oraciones conjugando los verbos regulares en pretérito indefinido. (10 puntos)

1. Ayer, maría *comió* muchos platos típicos de Chile.
2. Ellos *conocieron* la historia del rey del mote con huesillo el fin de semana pasado y *hablaron* con él durante 4 horas.
3. Nosotros *visitamos* un restaurante en el centro de Santiago.
4. Ustedes *tomaron* tragos típicos la semana pasada en la fiesta.
5. Jorge *caminó* por los lugares turísticos en esa ciudad.
6. Tú *compraste* el plato más caro en ese restaurante.
7. Ella *vio* muchas películas chilenas cuando *estuvo* en el país el año pasado.
8. Yo *llamé* a mis amigos para invitarlos a una fiesta.

2. Completa las siguientes oraciones conjugando los verbos irregulares en pretérito indefinido. (23 puntos)

1. Ellos *siguieron* viendo la película, aunque yo *comencé* a hablar.
2. Yo *averigüé* la ubicación del restaurante, y luego con mis amigos *condujimos* hasta allí y nos *divertimos* mucho.
3. "La historia de la década del 70 *influyó* en cómo son los chilenos hoy", *dijo* el historiador en el seminario de ayer.

4. El precio del salitre *cayó* en las décadas del 20 y del 30 y este hecho *produjo* una gran crisis en Chile.

5. Yo le *expliqué* a mi amigo el camino para llegar al museo, y él me *oyó* atentamente, así que no *anduvo* tan perdido como el Teniente Bello.

6. El asunto se *convirtió* en un gran problema y *trajo* consecuencias muy graves a nuestro país.

7. Ella *estuvo* en su casa durante todo el día ayer, e *hizo* la investigación para la clase,

8. Nosotros ayer *supimos* que ella *vino* a Chile a trabajar y no a estudiar.

9. Ella *fue* la persona más famosa en su escuela, porque un día *construyó* una maqueta de su ciudad.

10. Ellos *dieron* un paseo por el centro y *pudieron* ver las casas antiguas.

11. Nosotros *tuvimos* que escribir un ensayo sobre la historia del país.

3. Transforma las siguientes frases con adjetivos posesivos a pronombres posesivos, según el ejemplo. (6 puntos)

1. La suya es antigua.
2. Los míos son deliciosos.
3. Las suyas son grandes.
4. La tuya es dulce.
5. El suyo está malo.
6. El nuestro está muy bueno.

UNIDAD 6

1.1. ¡Quién no se sabe uno! Como parte de la tradición oral, existen muchos juegos o actividades destinadas a praticar el ingenio y la creatividad de las personas en un ambiente lúdico. Las adivinanzas y los trabalenguas son parte de estas actividades. ¡Vuelve a ser niño y adivina buen adivinador!

En la ciudad o el campo es un amigo del hombre. Adivina cuál es este animal sin que te diga su nombre. (**Perro**)

Oro parece, plata no es.
Quien no lo adivine listo no es. (**Plátano**)

Como el algodón
suelo en el aire flotar.

A veces traigo lluvia
y otras solo humedad. **(Las nubes)**

2.1. Ejercicios para practicar. Completa el espacio en blanco con por o para, y luego explica su uso, según las reglas.

1. Ella viajó *para (destino)* Chiloé, pero antes pasó *por (lugar de paso)* Puerto Montt, allí compró varios regalos *para (destinatario)* sus amigos *por (precio)* diez mil pesos.

2. Ayer *por (parte del día)* la tarde hicimos una fiesta y mi tío nos contó muchas historias de terror. Estuvo contando historias *por (tiempo aproximado)* más de tres horas. Y cuando yo me fui a dormir, no pude cerrar los ojos, *por (causa)* el miedo que tenía.

3. La semana pasada cambié un libro de historia *por (cambio)* uno de costumbres chilenas con un amigo. *Para (opinión)* mí, es muy entretenido conocer costumbres de lugares diferentes *para (finalidad)* poder entender a las personas locales.

4. La semana pasada envié un mensaje *por (medio)* redes sociales a mis amigos *para (finalidad)* juntarnos *por (lugar aproximado)* el centro y probar diferentes comidas típicas de este país. Nuestro objetivo es comer 5 comidas nuevas *para (plazo final)* el próximo fin de semana.

5. *Para (opinión)* Jorge, las leyendas son muy importantes *para (finalidad)* mantener las tradiciones de un país, *por (causa)* eso a él le gusta escuchar a sus abuelos y tíos y escribir las leyendas que ellos le cuentan. Además, él tiene que presentar este trabajo sobre el tema *para (plazo final)* la próxima semana en su escuela.

2.2. ¡Hora de las leyendas! Completa las siguientes leyendas con por o para.

Tenía el pelo rojo como el quintral, *por* eso la llamaban la Quintrala. Su nombre era doña Catalina de los Ríos y Lisperguer. Era Hermosa y caprichosa. Su hacienda estaba *por* La Ligua. Muchas personas decían que tenía pactos con el diablo, y *por* eso le tenían mucho miedo.

Para muchas personas que vivían en la zona, ella era una mujer que castigaba y torturaba a los hombres porque los odiaba y *para* enseñarles a otros hombres que debían respetarla.

Después de un tiempo, fue acusada *por* sus crímenes y la enviaron *para* Santiago, *para* realizar el juicio, pero la gente dice que gracias a los pactos con el diablo, logró cambiar las fechas de los juicios *para* varios meses después.

Hoy en día, *para* algunos ella era solo una mujer que tenía mucho poder y que, *por* esa razón, muchas personas creían que tenía pactos con el diablo. *Para* otros, ella hizo mucho daño *por* tener una vida muy triste cuando era niña. Lo cierto es que nunca vamos a saber la verdad, pero lo interesante es que hoy ella es un personaje famoso en Chile *por* sus maltratos a los hombres.

3.2. Relee el texto sobre Romualdito y fíjate bien en las palabras destacadas en negrita. Se trata de los tiempos indefinido e imperfecto. Recuerda para qué sirve cada uno. Asocia las siguientes características al tiempo que corresponde.

EL PRETÉRITO INDEFINIDO	EL PRETÉRITO IMPERFECTO
Narrar o contar acciones únicas	Describir una situación en relación con otros hechos pasados
Narrar acciones que ocurrieron en un momento determinado, cuyo final está cerrado.	Hablar de una actividad habitual en el pasado
Para marcar la interrupción de una acción en el pasado	Para indicar acciones que son interrumpidas por otras.

3.3. De acuerdo con los cuadros que llenaste arriba, completa ahora las siguientes oraciones con los verbos en indefinido o imperfecto según el contexto.

1. Ya que Isabel no sabe alemán, Ana *tradujo* la carta que le escribió Inge. Ana siempre *traducía* del alemán al español cuando estaba en la escuela.

2. Ya que *conducía* en estado de ebriedad, los carabineros le sacaron un parte. Ella alegó que era la primera vez que *conducía* y *aseguró* que no lo hará otra vez.

3. Recién ayer los estudiantes *supieron* que tenían una prueba hoy. Por lo mismo, *estaban* muy angustiados, porque no *sabían* nada.

4.
   - ■ A: ¿Qué *trajiste* para la comida hoy?
   - ◆ B: *Traje* un vino que *tenía* una promoción de 2 x 1.

5.
   - ■ A: ¿Por qué los maestros no *hicieron* el trabajo en el baño?
   - ◆ B: Porque *dijeron* que no *tenían* tiempo.

4. Contraste indefinido y perfecto. Asocia las siguientes características al tiempo que corresponde.

EL PRETÉRITO INDEFINIDO	EL PRETÉRITO PERFECTO
Narrar o contar acciones únicas	Para indicar una relación entre el pasado y el presente
Narrar acciones que ocurrieron en un momento determinado, cuyo final está cerrado.	Para indicar una acción que se ha desarrollado desde un punto en el pasado hasta el momento actual.
Para marcar la interrupción de una acción en el pasado	

4.1. De acuerdo con los cuadros que completaste arriba, completa ahora las siguientes oraciones con la forma correcta de los verbos y de los participios irregulares cuando corresponda:

a. Ayer el gasfíter *tuvo* que picar la pared para encontrar la filtración de la tina. Es que *hemos tenido* muchos problemas con el agua este último tiempo.

b.

- ■ Disculpa, no *quise* interrumpirte con mis preguntas.
- ◆ No te preocupes, no *he hecho* nada importante durante todo este rato.

c.

- ■ Perdóname Ana María, *tuve* que sacarte un billete de $5.000 sin pedirte permiso.
- ◆ ¡Qué! *he buscado* ese billete toda la mañana ¡Cómo se te ocurre robarme!

d. Ayer Sebastián *vino* de Uruguay y *trajo* un mate y hierba. Nunca *he probado* el mate, así que estoy expectante.

e. Anteayer Marta *se fue* a vivir a China, siempre *ha querido* vivir allá ¡Qué bueno que se fue!

4.3. Fíjate en los siguientes marcadores temporales.

INDEFINIDO	IMPERFECTO	PERFECTO
Ayer	Usualmente	Últimamente
Hace 3 días	Casi nunca	Desde la mañana
La semana pasada	Siempre	Siempre
Anteayer	Habitualmente...	Nunca
Durante		Recientemente
En		Este tiempo
Varias veces		En el transcurso del tiempo...
Ese / Aquel tiempo		
Una vez...		

Ahora completa de acuerdo con los marcadores temporales presentes.

1. Durante mucho tiempo, la gente *creyó* que Romuladito *era* un niño, pero la verdad es que *era* un mecánico que hace muchos años *murió* asesinado en la misma calle donde ahora está su animita.

2. Deolinda Antonia Correa *fue / era* más conocida como la Difunta Correa. En la segunda mitad del siglo XIX. Deolinda *murió* atravesando la frontera de Argentina, para radicarse en Chile. Deolinda *iba* tras su esposo hasta que agotada y sin provisiones *murió* de sed en el desierto, pero su bebé *sobrevivió*.

3. La historia de Deolinda *se difundió* y *conmovió* a los habitantes de la provincia de San Juan, Argentina. La triste historia de esta mujer *se expandió* a Chile, donde sus animitas *se han caracterizado* a lo largo del tiempo, por la acumulación de botellas de agua que los devotos dejan en señal de ofrenda.

4. Emile Dubois *fue* un inmigrante francés que *vivió* en Valparaíso a principios del siglo XX. Varias veces Dubois *fue* acusado de asesinar a acaudalados comerciantes. Una vez que *fue* detenido, y aunque Dubois *solía* declararse inocente, *fue* sentenciado a muerte.

5. Antes de morir *pidió* no ser vendado frente al pelotón de fusilamiento. Su actitud ante la muerte *provocó* el desconcierto de la opinión pública. Desde que lo enterraron, la tumba de Dubois *ha recibido* peticiones y agradecimientos de la gente en Valparaíso.

Adaptado de http://www.memoriachilena.gob.cl/

6.1. En Chile, en la Región de la Araucanía, existe una famosa leyenda llamada "La anciana dueña de la montaña". Búscala en Internet y léela para luego ordenar las ideas a continuación.

Primero, el hombre estaba en la montaña y buscaba a sus animales.

Después, el hombre vio a una anciana que bailaba en el bosque

Luego, la anciana invitó al hombre y su familia a vivir en su casa

Más tarde, la anciana se enojó y destruyó todo.

Después, el hombre llevó a sus hijos de vuelta a casa y los regañó

Finalmente, el hombre regresó a vivir con la anciana

6.3. Completa la leyenda chilena del Make-Make usando el conector adecuado.

Cuenta la leyenda que, *después* de crear el mundo, el Make-Make sintió que algo faltaba. Entonces tomó un zapallo que contenía agua y, con sorpresa, se dio cuenta de que *cuando* miraba en el agua, veía su rostro reflejado. Make-Make saludó a su propia imagen y notó que en ella había un pico, alas y plumas. *Mientras* observaba su reflejo, un pájaro se posaba sobre su hombro. Make-Make unió su reflejo y el reflejo del pájaro para crear a su primogénito.

Antes de crear los peces, el Make-Make preparó las aguas del mar. Pero el resultado no era el que esperaba. Luego, fecundó una piedra en la que había tierra colorada, y de ella apareció el hombre. Make-Make se sintió contento, pero *cuando* vio que el hombre estaba solo, pensó que todavía faltaba algo. Entonces, *después de* crear al hombre, creó también a la mujer. Make-Make no olvidó su imagen de pájaro y llevó a las aves hasta los motu o islotes frente a Rano Kau para celebrar el culto de Tangata Manu, el hombre-pájaro.

AUTOEVALUACIÓN UNIDAD 6

1. Completa los espacios en blanco con por o para. (17 puntos)

1. *Por* la lluvia, no pude llegar temprano a clases.
2. Jaime fue *por* el libro a la biblioteca, porque tiene que estudiar mucho *por* la noche *para* el examen de mañana.
3. Envié el paquete *por* bus, pero creo que debí enviarlo *por* avión.
4. La auxiliar de vuelo pasó *por* aquí, pero no me dio nada *para* comer.
5. Tienes que recordar que debes tener la tarea lista *para* entregarla el lunes.
6. Cuando salgo *por* la noche, siempre voy a un bar *para* tomarme una cerveza.

7. Compré estos zapatos *por* quince mil pesos.

8. Te doy mi postre *por* tu porción de ensalada.

9. Caminaron *para* la iglesia desde sus casas.

10. *Para* él, esa historia es falsa.

11. Tengo este regalo *para* el profesor, *por* su cumpleaños.

2. Completa las oraciones, incorporando las causas, las consecuencias o ambas, con el tiempo correcto: pretérito indefinido, imperfecto o perfecto. (14 puntos)

1. La directora citó a reunión ya que ayer en la tarde *llegó* una información muy importante.

2. No pude ir a clases el lunes porque unos amigos *llegaron* de improviso a la casa.

3. Hoy en la mañana fui al doctor porque me *he sentido* sin energía todos estos días.

4. Compramos pasajes anticipadamente debido a que siempre *ha sido* difícil encontrarlos en épocas de vacaciones.

5. No he ido al parque estos días porque *ha hecho* mucho frío esta semana.

6. Elegimos ese vestido porque *era* el más lindo de todos.

7. Mi hermano *tenía* una linda noticia que darme, por eso me *llamó* ayer.

8. Ustedes *comieron* mucha comida chatarra anoche, por eso no *pudieron / podían* dormir bien.

9. En su adolescencia, Sara siempre *escuchaba* la misma canción porque le *recordaba* a su mejor amiga.

10. Estoy segura de que no me *has olvidado*, porque nunca *has vuelto / volviste* a tener novia.

3. Completa la historia de Carmen con los tiempos indefinido, imperfecto o perfecto, según corresponda. (20 puntos)

Toda mi vida incluso hoy, *he querido* mucho a mi abuelita, el otro día *encontré* una fotografía muy antigua de ambas y *recordé* que cuando yo *era* niña siempre la *visitaba* durante los veranos. *Era* muy divertido estar con ella y las dos siempre *teníamos* la misma rutina. Primero alimentábamos a las gallinas, después *íbamos* a la huerta a buscar verduras para cocinar y más tarde yo *ponía* la mesa.

Una vez, mientras *estábamos* en la cocina, llegó un vecino, le *preguntó* a mi abuelita si ella *vendía* huevos porque él *quería* comprarle. Mi abuelita lo *pensó* un rato y luego le *dijo* que *podía* venderle algunos. *Fue* muy entretenido para mí ayudarla a recolectarlos. Ahora que estoy grande, nunca *he olvidado* todas esas experiencias.

UNIDAD 7

2.1. Practiquemos. Transforma los verbos entre paréntesis al Modo Imperativo.

1. ¿*Comamos* una pizza?
2. Para ir a la Plaza Italia *tomen* la micro 210.
3. *Lee* bien las instrucciones antes de responder.
4. Si tienes sed, *saca* agua fría del refrigerador.
5. *Viva* bien, *beba* una copa de vino cada día.
6. *Corramos* si no, vamos a llegar tarde.
7. Primero, *corta* los tomates y, después, *lava* la lechuga.
8. *Mire* a ambos lados antes de cruzar.
9. *Reciclen* las botellas de plástico y las de vidrio.
10. Tomás, *comparte* las galletas con tu hermano.

2.2. En español, el Modo Imperativo tiene muchos usos. Vuelve a leer el texto de la actividad 1 y busca ejemplos para cada uso, ¿están todos en el texto?

- Dar órdenes: *llama a Andrés, llámalo ahora*
- Pedir: *ayúdame, por favor, invítame*
- Dar instrucciones: *toma la línea 5, haz el trasbordo, fíjate bien, bájate en Chile España, usa la App.*
- Dar consejos o recomendaciones: *anda en metro mejor, usa esa mejor*
- Ofrecer, invitar: *ven conmigo*
- Pedir o conceder permiso; solicitar: *claro que sí, dime*
- Llamar la atención: *mira*

2.4. ¡Cuidado con el tono! Escucha y lee estos diálogos y comenta con tus compañeros las diferencias de entonación, justificaciones y otras estrategias para cambiar el sentido del mensaje. Audio 9

1. En la casa:
    - Madre: dar órdenes
    - Cristina: solicitar
2. En una clase de español:
    - Alumna: pedir, solicitar
    - Profesor: llamar la atención, conceder, dar instrucciones

3. En una heladería
    - Cliente: pedir permiso
    - Vendedora: conceder permiso
    - Cliente: solicitar
    - Vendedora: llamar la atención, ofrecer

3.1. Ejercicios. Completa con imperativos, los espacios en blanco en esta receta para aprender a hacer sopaipillas. Usa el imperativo en la forma "tú".

Pon unos trozos de zapallo en agua con una cucharadita de sal y *cocina* unos minutos. En un bol *mezcla* dos tazas de harina, una cucharadita y media de sal y un chorro de aceite. *Haz* un puré con el zapallo cocido y *agrega* a la mezcla anterior. *Ten* en cuenta que, si es necesario, puedes usar el agua donde cociste el zapallo para mojar la masa.

Estira la masa con un uslero, con una tapa corta la masa en círculos y *pincha* las sopaipillas con un tenedor. *Fríe* en abundante aceite por ambos lados hasta que tomen un poco de color ¡y listo! *Ve* a llamar a tus amigos y *di* a todos que "¡las sopaipillas están listas para la once!".

4.1. ¡No lo hagas! Completa con los imperativos negativos. Para tomar una micro en Santiago:

1. Tú no *pagues* con monedas. Todos usamos una tarjeta BIP.
2. Ustedes no *suban* a la micro equivocada. Todas tienen un recorrido diferente.
3. Tú no *te sueltes* del pasamanos. Puedes caerte.
4. Usted no *baje* de la micro aún en movimiento. Es peligroso.
5. Nosotros no *pongamos* las manos en la puerta. Podemos accidentarnos.
6. Tú no *vayas* de pie al lado de la puerta. La gente necesita espacio para bajar.
7. Usted no *se distraiga. Puede pasarse de largo.*
8. Ustedes no *pierda* la oportunidad de viajar en micro. ¡Es una experiencia!

5.1. En el texto aparecen palabras destacadas en negrita. Relaciona cada una de ellas con las definiciones a continuación.

1. Patrimonio
2. Acera
3. Transeúntes
4. Voluntario
5. Semáforo
6. Peatones
7. Municipalidad

5.3. ¿Y si damos un paso adelante? Hemos estado trabajando con los imperativos. Con ellos podemos mandar, ordenar, solicitar o sugerir a otras personas. Mira el texto de las cebritas otra vez y escribe en el cuadro, las oraciones que usan imperativo.

- Apúrese señorita.
- Súbanse a la acera
- Tenga cuidado
- No cruce
- Escúchenme

5.4. Vuelve a leer el texto y fíjate en las oraciones subrayadas. Todas ellas cumplen también, una de las funciones de los imperativos. Todas pretenden dar un consejo; recomendar o sugerir algo a otra persona. Mira los imperativos en la tabla y escribe junto a cada uno, la oración subrayada, que transmite la misma idea.

- Le recomendamos que espere la luz verde.
- Les sugiero que siempre tengan una buena actitud.
- Recomiendo que cuiden su seguridad.
- Les aconsejo que aprovechen este trabajo.

AUTOEVALUACIÓN UNIDAD 7

1. Completa con los verbos en imperativo en la forma Tú. Usa positivo o negativo según el contexto. (24 puntos)

Si vas a viajar en avión por primera vez, no *olvides* considerar los siguientes puntos. *Haz* una lista de todos los documentos que debes llevar antes de salir de casa y *comprueba* que los tienes todos. No *pierdas* nada. *Ve* al aeropuerto con mucha anticipación ¡No *te atrases*!

Una vez allí, no *olvides* pasar por el *Check-in* y *entrega* ahí tu equipaje. *Recuerda* que debes preocuparte del peso límite y siempre *pon* una identificación en cada maleta para encontrarla fácilmente. Desde ese momento, *cuida* mucho tu tarjeta de embarque.

No *lleves* comida sin envasar para subir al avión, porque no se permite entrar con ella. A propósito de eso, *averigua* antes de viajar cuáles son las restricciones de objetos para entrar al país donde vas.

Una vez dentro del avión, debes guardar tu equipaje de mano, si necesitas ayuda con eso *di* a los auxiliares de vuelo si pueden guardarlo por ti. Luego, *siéntate* tranquilo y *relájate*. Durante el vuelo, *mira* por la ventana, o no *mires* si te mareas. *Ve* una película o duerme. No te *preocupes* por las turbulencias. Al llegar, no *dejes* nada en el asiento, *recoge* tu equipaje y *¡disfruta* de la nueva ciudad!

EJERCICIOS EXTRA

Completa las siguientes oraciones con los verbos en presente, futuro, pretérito perfecto o imperativo.

1. Cuando tú *vas* al trabajo, siempre *llevas* tu agenda.
2. Yo *he ido* a ese lugar cada sábado por más de un año y siempre *he comido* la misma cena.
3. Rosa *atiende* muy bien a todos sus clientes de la tienda. Ella *recibirá* mañana un reconocimiento de parte de sus jefes.
4. No *puedo* reparar mi teléfono, aunque *he intentado* varias veces hacerlo. Mejor, el fin de semana que viene *iré* al Mall y *compraré* uno nuevo.
5. Durante toda mi vida nunca *he viajado* sola, pero el próximo año lo *haré*.
6.
    - ¿Tú *tienes* alguna recomendación para ir de vacaciones?
    - ¡Sí claro! *ve* al sur de Chile, ¡no *te arrepentirás*!
7. Por favor, *dígame* su nombre lentamente.
8. Aunque ya *ha pasado* un año, nunca *he aceptado* que todo *ha terminado* entre nosotros.
9. Mi padre *conoce* casi toda América Latina, en cambio yo no *he viajado* a ningún país todavía.
10. *Discúlpame*, por favor. No *entiendo* tu argumento.
11. Juan, no *votará / votes* por ese candidato para presidente.
12. Habitualmente yo me *baño* con agua fría. Aunque algunos inviernos me *he resfriado* por eso.
13. ¡No te *cases* con ese vago! *espera* y pronto *encontrarás* a alguien mejor.
14. Siempre *he querido* aprender a tocar guitarra.
15. No *sé* qué me *pasa*, *siento* que no tengo mucha energía.
16. Por favor *limpien* el departamento, Mañana *vendrán* los abuelos.
17. Ellos no *tienen* nada de suerte. Siempre *pierden* todo.
18. Según el pronóstico del tiempo mañana *lloverá*. *Ponte* un impermeable.

19. La tarea *es* muy difícil. *Creo* que no *podré* entregarla.
20. La situación económica no *cambiará* en el corto plazo. Por eso *ahorremos / ahorraremos* dinero.

Completa las siguientes oraciones con los verbos en presente, pretérito perfecto o pretérito indefinido.

1. A mí me *asustan* las películas de terror. Nunca *he podido* ver una completa.
2. Mis padres *deben* ir al banco porque les *llegó / ha llegado* un aviso importante.
3. Teresa *recibió / ha recibido* una llamada de su mejor amiga. Ahora *está* muy feliz.
4. No *fue* una buena idea eso que *hiciste* ayer.
5. ¿*Compraron* las entradas antes de ir al cine?
6. El mundial de fútbol *es* un evento deportivo importante. Aunque yo lo *he visto / veo* solo por televisión.
7. Ahora no *tienes* dinero porque lo *gastaste* todo en vacaciones.
8. El mundo *teme* por el cambio climático, pero nadie *hace / ha hecho* nada realmente para solucionarlo.
9. Mi abuelita se *enoja* mucho cuando *ve* que nosotros *dejamos* la cocina hecha un desastre.
10. *Estoy* muy cansado de trabajar tanto. *He trabajado* sin parar todo este mes.
11. Nosotros *fuimos* a la fiesta, pero no *vimos* a nadie conocido.
12. Juan *tiene* vergüenza porque nunca *ha podido* aprender a bailar.
13. Los chicos no *llegaron* a dormir anoche y yo no *sé* qué les *pasó*.
14. Nosotros *supimos* que tu abuelo *ha estado* enfermo por más de un año. Lo *sentimos* mucho.
15. Juan *ha estudiado* muchos idiomas en su vida. Él *sabe* hablar alemán, francés, italiano y el año pasado *entró* a estudiar japonés.
16. Aunque *leí* todos los apuntes el fin de semana pasado, todavía no *entiendo* totalmente la materia.
17.
    - ◼ ¿Cuántas veces *has hecho* senderismo en tu vida?
    - ◆ ¡Solo una vez! De hecho, el mes pasado *fui* con unos amigos por primera vez.
18. Cuando mi hijo *viene / vino* a visitarme, *me pongo / me puse* muy feliz.
19. Mis amigos *visitaron* el museo el viernes, pero yo me *quedé* en la casa.
20. Nosotros *hemos escrito* dos de los diez informes que *tenemos* que *escribir*. Debemos apurarnos.

Completa las siguientes oraciones con los verbos en pretérito indefinido o pretérito imperfecto.

1. Ustedes *se alegraron / se alegraban* mucho cuando me *vieron / me veían* llegar.
2. Santiago *era* una ciudad más agradable cuando no *tenía* tanta contaminación.
3. La Plaza de Armas *fue* diseñada hace muchos años. Pero antes *tenía* muchos más árboles.
4. ¿Por qué no *viniste* a la reunión de ayer?
5. ¡En serio! yo no *sabía* que tu mamá *estaba / estuvo* viajando por África.
6. Solo les *pedíamos / pedimos* decir la verdad. Creemos que eso no *era* tan difícil, ¿o no?
7. Mientras *vivías* en la casa de tus padres *tenías* que obedecer sus reglas.
8. *Esperé* toda la tarde tu llamada y nunca me *llamaste*.
9. Lo siento, pero no *tuve / tenía* tiempo para llamarte. Por eso no te *llamé*.
10. Cuando era niño *tenía* un vecino que siempre *decía* que era millonario.
11. El médico me *aconsejó* hacer más deporte.
12. En la playa *había* mucho sol y la gente *estaba* divirtiéndose.
13. Esa tarde *tenías* la cara muy pálida, *era* evidente que tú *estabas* enfermo.
14. Yo *sabía* que me engañabas, pero yo no *tenía* el coraje para dejarte.
15. *Creo* que tenían toda la razón. Discúlpenme por que no les *creí* cuando me lo *dijeron*.
16. Carlos me *preparó* un café y yo lo *tomé* tranquilamente.
17. Aun cuando me lo *pidió* de rodillas, yo no *acepté* sus disculpas.
18. Cuando *estaban* en la escuela de niños, ellos nunca *ponían* atención a la profesora. Por eso jamás *entendieron / entendían* nada.
19. Siempre *quise* tener un tres a control remoto, pero mis padres nunca me lo *regalaron*.
20. El año pasado nosotros *tomamos* vacaciones, a pesar de que *sabíamos* que no *teníamos* el dinero.

Completa las siguientes oraciones con los verbos en presente, pretérito indefinido o pretérito imperfecto.

1. *Tengo* un paraguas muy bonito que me *compré* en el mall porque no tenía ninguno.
2. Si tú me *invitas* a tomar un helado yo te *llevo* a tomar un café a un lindo lugar que *descubrí* el otro día.
3. Aunque Ana *tiene* muchos amigos, nadie *fue* a visitarla cuando *estuvo* enferma el mes pasado.

4. En febrero pasado mis tíos *visitaron* el lugar en donde *solían* pasar sus vacaciones cuando *eran* jóvenes.

5. Si me *quieren* decir algo, *pueden* hacerlo. Ya *terminé* de estudiar y estoy libre ahora.

6. Cuando *era* niño, *iba* todos los domingos a misa. Ahora no lo *hago* tanto.

7. Las rosas que te regalé esa tarde, era rojas.

8. Sara *está / estaba* muy enamorada, todos los días cuando su pareja *llega / llegaba*, ella *corre / corría* a sus brazos.

9. En el pasado, cada vez que *venían* a Santiago, *pasaban* a vernos.

10. Todavía, cada vez que *vienen* a Santiago, *pasan* a vernos.

11. *Es* inútil seguir juntos. Ya *encontré* a otra persona. Lo *siento*.

12. Durante la cena anoche *probó* un plato delicioso. Ahora *quiere* conseguir la receta.

13. Ellos nos *acompañaron* a casa después del concierto de ayer, porque *teníamos* un poco de miedo de regresar solos.

14. Gustavo *perdió* su trabajo ayer, ahora no *tiene* mucha seguridad sobre su futuro.

15. Mira, yo *opino* que el español *es* fácil. Cuando lo *aprendí* hace unos años, *pensaba* diferente, pero después *cambié* de opinión.

16. Cuando *era* niña, *comía* mucha fruta. Ahora *como* muy poca, lamentablemente.

17. *Era* medianoche cuando él *llegó* ayer.

18. El domingo *dormí* toda la tarde.

19. Antes nunca *dormía* siesta, pero ahora me *gusta* hacerlo.

20. ¿Qué día *fue* ayer?

Completa las siguientes oraciones con los verbos en presente, futuro, pretérito indefinido, pretérito imperfecto o imperativo

1. *Llámame*, por favor. Yo no *tengo* minutos en mi teléfono.

2. *Es* muy triste decirte adiós. Pero *sé* que el próximo año *volverás* a visitarme.

3. Anoche nosotros *tomamos* un taxi porque *era* muy tarde para tomar el metro.

4. ¡Yo quiero ver esa película! *¡Invítame* al cine! ¿o ya la *viste*?

5. Mañana te *devolveré* la plata que me *prestaste*.

6. *¿Es* verdad que te *casaste* en Las Vegas el año pasado?

7. ¿Viviana *tiene* el pelo más ondulado? cuéntame, ¿se *hizo* algo?

8. No *tenemos* idea qué *haremos* el próximo fin de semana.

9. En mi caso, *falté* unos días a la oficina, así que no *podré / puedo* salir de día libre.

10. Ayer *había* mucha gente en el metro y por eso no *pude* llegar a tiempo a clases.

11. Esta mañana no *pude* tomar desayuno así que ahora me *muero* de hambre.

12. Nosotros nos *compramos* un café antes de entrar a la clase que *viene*.

13. ¡*Espérenme*, por favor, *olvidé* traer mi tarea, *tendré / tengo* que devolverme a buscarla.

14. *Déjame* en paz.

15. Cuando *éramos* niños, *era* tan entretenido jugar en el parque.

16. Ahora no *jugamos*. Solo nos *sentamos* a descansar.

17. ¡Por mi parte, el otro día sí *jugué* con mi perro como un niño pequeño!

18. ¡Qué divertido! ¡*Vamos* al parque mañana!

19. Muy bien, vamos mañana. Yo *llevaré* algo para comer.

20. ¡La idea *es* jugar y no *comer*! *Olvida* la comida.

Daisy Bravo Vejar (Coordinadora) es licenciada en Lingüística y Literatura Hispánicas de la Pontificia Universidad Católica de Chile; licenciada en Educación y profesora de Castellano de la misma Universidad. Trabaja como profesora de español como lengua extranjera (ELE) desde el año 2001 en el Programa Español UC y también, desde el año 2010, en la Universidad de Los Andes. Es formadora de otros profesores de ELE en el Diplomado de Especialización en ELE de la PUC.

Carolina Carvajal González es licenciada en Letras hispánicas (PUC), diplomada en Enseñanza de Español como Lengua Extranjera (PUC), experta universitaria en la Integración de Inmigrantes a través de la enseñanza de español (UNED), magíster en Letras mención Literatura (PUC) y doctora (c) en Literatura (PUC). Desde 2006 se ha desempeñado como profesora de ELE en diversas instituciones. Actualmente es docente del Programa de Español de la Pontificia Universidad Católica de Chile.

Francisco Quilodrán Peredo es magíster en Educación con mención en Evaluación de Aprendizajes (PUC, 2018), licenciado en Lingüística aplicada a la Traducción mención español-japonés-inglés (USACH, 2009), diplomado en Enseñanza de Español/Lengua Extranjera (PUC, 2012) y diplomado en Docencia Universitaria (2019). Ha trabajado en la Universidad Católica desde el año 2014 como profesor de español en cursos privados y grupales para todos los niveles del MCER. Además, es profesor certificado por el Instituto Cervantes (España), para la toma de los exámenes internacionales DELE. Es coautor de la serie de manuales Punto C/ELE publicado por ediciones UC.

Constanza Sarralde Tassara es magíster en Literatura de la Pontificia Universidad Católica de Chile; licenciada en Lingüística y Literatura Hispánicas en la misma universidad. Ha trabajado como profesora de ELE en diferentes establecimientos desde el año 2003 y actualmente se desempeña profesora del Programa de Español como Lengua Extranjera de la PUC y en la empresa internacional Global LT. Es coautora del manual de español chileno Punto C/ELE en sus versiones A1 y B1.

Marcia Sierra Salazar es licenciada en Letras con mención en Literatura y Lingüística Hispánicas de la Universidad Católica de Chile y diplomada en Especialización de Enseñanza de Español como Lengua Extranjera de la misma universidad. Profesora de español como segunda lengua desde 2006 en distintas instituciones españolas y chilenas. Especializada en Tecnologías de la Información y Comunicación aplicadas en la creación de materiales ELE.

Gloria Toledo Vega es doctora en Filología Hispánica, profesora del Departamento de Lingüística de la Facultad de Letras PUC. Sus áreas de especialización son la pragmática en español como lengua extranjera, la adquisición del español como lengua extranjera, y el desarrollo de interlenguas. Es investigadora de proyectos Fondecyt relacionados con la adquisición y desarrollo del español entre inmigrantes haitianos en Chile. En las áreas recién mencionadas ha publicado numerosos artículos en revistas especializadas de indexación ISI, Scopus, Scielo y otras de alto nivel. Es coautora de toda la serie de manuales de español Punto C/ELE y coordinadora de los volúmenes de niveles A1 y B1. En su trabajo como profesora de español como lengua extranjera ha trabajado para la Universidad de Stanford (EE.UU.) y la Universidad de British Columbia (Canadá).

Créditos de imágenes

P. 37, Diablo fiesta de la Tirana. By Cristian Barahona Miranda - Own work, CC BY-SA 3.0, https://commons.wikimedia.org/w/index.php?curid=21772999

P. 43, copas de vino. By Pietrablanca - Own work, CC BY-SA 4.0, https://commons.wikimedia.org/w/index.php?curid=65294512

P. 126, Artesano. By Rossana Ferreira from Viana do Castelo, Portugal - Artisan, CC BY 2.0, https://commons.wikimedia.org/w/index.php?curid=35618029

P. 153, Micro. By Mariordo (Mario Roberto Duran Ortiz) - Own work, CC BY-SA 3.0, https://commons.wikimedia.org/w/index.php?curid=26624597